访谈节目制作

主　编　肖　莉　谢红涛

副主编　古燕莹　李　牧

参　编　赵　婧　王　超
　　　　　商连生　侯祎萌

北京理工大学出版社
BEIJING INSTITUTE OF TECHNOLOGY PRESS

内容简介

本书共分为三个单元，分别是单机位访谈节目制作、双机位访谈节目制作和多机位访谈节目制作。包括五个真实的循序渐进的工作项目。本书在编写过程中结合影像与影视技术行业发展和实际情况，理论联系实际，突出对于从业人员技术技能和工匠精神的培养。强调访谈节目制作过程中作品的思想性、技术性和艺术性的统一。书中各案例配有详细的图片、视频和表格等资料，便于学习和使用。本书可作为广播影视节目制作从业者的岗位培训教材及新媒体、自媒体内容制作者的自学读物，还可作为广大视频编辑爱好者、影视动画制作者、影视编辑从业人员等的自学教程。

图书在版编目（CIP）数据

访谈节目制作 / 肖莉，谢红涛主编. –– 北京：北京理工大学出版社，2023.4

ISBN 978–7–5763–2073–2

Ⅰ.①访… Ⅱ.①肖…②谢… Ⅲ.①谈话－电视节目－制作 Ⅳ.①G222.3

中国国家版本馆 CIP 数据核字（2023）第 010871 号

责任编辑: 张荣君　　**文案编辑:** 张荣君
责任校对: 周瑞红　　**责任印制:** 施胜娟

出版发行 / 北京理工大学出版社有限责任公司

社　　址 / 北京市丰台区四合庄路 6 号

邮　　编 / 100070

电　　话 /（010）68914026（教材售后服务热线）
　　　　　　（010）63726648（课件资源服务热线）

网　　址 / http://www.bitpress.com.cn

版 印 次 / 2023 年 4 月第 1 版第 1 次印刷

印　　刷 / 定州市新华印刷有限公司

开　　本 / 889 mm × 1194 mm　1/16

印　　张 / 9.5

字　　数 / 200 千字

定　　价 / 75.00 元

前言

PREFACE

当下的新媒体、融媒体时代，新闻采访、热点访谈的视频需求量激增。市面上的书籍多缺乏融合性，作为一线的素材采集从业者，需要从众多书籍中学习汲取，并进行知识技能的重组，方能应对职业岗位。本书的编写，针对新闻采访与对话节目中的"访谈"摄制，有针对性地将相关知识技能点进行重组，使读者通过学习，掌握摄影摄像的基本技能，并通过项目的实训，了解并掌握该领域的核心素养和职业技能。零基础的初学者通过本书，能够全面地了解关于访谈节目制作过程中的基础知识与技能，循序渐进地对于访谈节目制作的过程有逐渐深入的了解和认识，并能把本书作为操作手册一样使用，在真实的工作中获得指导和帮助。

本书共分为5个项目，分别是单人单机位、双人单机位、单人双机位、双人双机位和多人多机位访谈节目制作。通过这5个各自独立又互相联系的实践项目，读者可以将影像与影视器材的使用、技术指标、专业术语、操作方法、节目制作流程等知识性的内容融合进实际的工作过程中。本书具有很强的实用性和可操作性。

特色与创新

1. 典型的生产工作案例为引导

本书运用了大量的在实际工作中积累的图片和视频资料，配合具有指导性的文字，生动地讲述了访谈节目制作过程中要用到的相关知识与技能，分门别类地介绍了在各种访谈节目制作过程中的方法和规律，详细地讲述了访谈节目的制作过程。借鉴了教学过程中积累的经验与教训，与时俱进，与当今影像与影视行业的发展相适应，并结合教育的特点，紧随时代的发展，突出读者思考能力和实践能力的培养，让其制作的访谈节目具有深刻的思想性、严格的技术性和符合社会主义美学的艺术性。

2. 项目载体，任务驱动

本书采用"项目引领、任务驱动"的学材模式。读者由浅入深地进行知识点、技能点和项目执行流程的学习，并在项目的实训过程中，从简单到复杂，循序渐进地掌握专业知识和技能，并通过公共基础课的介入，提升文化素养，以达成培养访谈节目摄制的能力，提升分析能力与统筹、策划能力的学习效果。

3. 说明书式的活页教材模式

活页是指先将访谈节目摄制中涉及的知识技能点解构，以文本、课件、视频等形式生成二维码，然后根据每个实训项目所涉及的知识技能点用新媒体二维码技术进行重构。说明书以项目实施流程为主架构，按照流程及标准执行，即可基本完成项目实施。所涉及知识技能点，在说明书中以二维码形式呈现。

本书适用于影像与影视技术及相关专业的教学与培训，也可作为影视爱好者的自学用书和参考用书。本书由肖莉、谢红涛担任主编并统筹协调，北京教育科学研究院研究员古燕莹老师对教学架构做理论指导，北京合众能量文化发展有限公司总经理李牧先生在行业资讯和岗位技术技能点方面给予支持，另外参加编写的人员还有赵婧、侯祎萌、商连生、王超。本教材在编写过程中，得到了张益铭、屠腾、庞梓雄、武皓宇、白家羽、张宇鑫等同学为插图拍摄工作提供的支持。教材的出版也融入了北京理工大学出版社各位编辑的心血，在此一并表示诚挚的感谢。

由于编者水平有限，书中难免存在不妥、疏漏和值得商榷之处，还望专家、同行和广大读者提出宝贵意见和建议，以便今后修订，使之日趋完善。

编　者

2023 年 4 月

目录

CONTENTS

项目 1

单人单机位访谈节目制作

项目分析

　　本项目采用单机位＋单人（被访者）拍摄方式，岗位由导演＋摄像师＋摄影助理＋拾音师＋灯光师／置景师（根据拍摄现场光线及场地灵活设置）构成。这种拍摄方式适用于新闻采访、人物专访或人物类纪录片的拍摄。在一些企业或机构宣传片中，我们经常会看到使用这种手法拍摄的画面。

　　项目的顺利完成，需要团队成员理解访谈主题、熟悉岗位职责及工作流程，具备选景、用光、设备使用安全与正确操控及白平衡调节与景深控制的基本能力。

1.1　摄影摄像器材

学习目标

1. 知识目标

（1）了解访谈节目拍摄中常用的摄影摄像器材。

（2）了解摄影摄像器材的基本机构。

2. 能力目标

能正确完成摄影摄像器材的基本操作。

3. 素养目标

初步培养良好的工作态度与严谨的职业意识。

1.1.1　常用摄影摄像器材

在访谈节目拍摄中，我们常用的拍摄设备主要是数字高清摄录一体机和数码单反相机，以及数码微单相机，如图 1-1 所示。

肩扛式数字高清摄录一体机

手持式数字高清摄录一体机

数码单反相机

数码微单相机

图 1-1　常用拍摄设备

演播室内拍摄大型的访谈节目，多使用演播室级别的肩扛式摄录一体机；外拍采访或人物专访类节目，一般使用手持式摄录一体机或数码相机。目前，使用数码相机拍摄，广大客户追捧的是佳能的 5D4 和索尼的 α7 系列机型。

在实际拍摄中，除使用摄录一体机和相机外，还会用到许多必备的附件，譬如，起到稳定支撑作用的三脚架、存储卡、不同焦距的摄影镜头、电池、拾取声音的设备等，如图 1-2 所示。

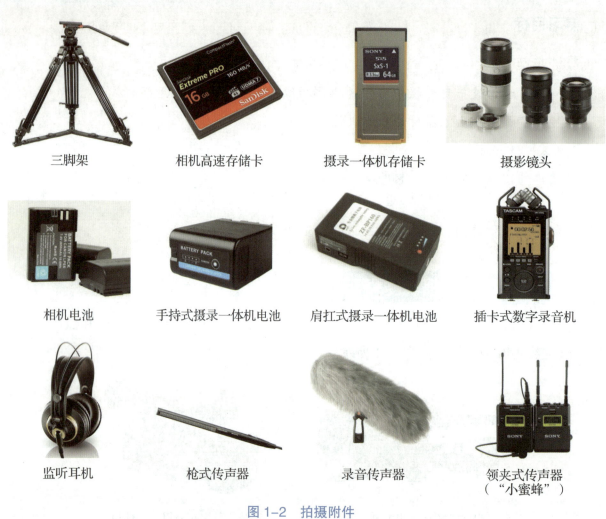

| 三脚架 | 相机高速存储卡 | 摄录一体机存储卡 | 摄影镜头 |

| 相机电池 | 手持式摄录一体机电池 | 肩扛式摄录一体机电池 | 插卡式数字录音机 |

| 监听耳机 | 枪式传声器 | 录音传声器 | 领夹式传声器（"小蜜蜂"） |

图 1-2　拍摄附件

1.1.2　摄影摄像器材的基本结构

无论是数字高清摄录一体机，还是数码相机，基本是由镜头、摄像单元、录像单元、电子寻像器（数码相机则是液晶显示屏）、输入与输出接口、附件、按钮或开关等 7 部分构成。在此，我们对摄录一体机做介绍。

1. 镜头

与照相机的镜头形式相似，摄录一体机的镜头也是由若干组透镜组成的。被摄体通过镜头成像在摄像器件上。

镜头可分为定焦镜头和变焦镜头。

定焦镜头又可分为标准镜头、长焦镜头和短焦镜头；而变焦镜头则是把这三类镜头组合在一起，并可以在其相互作用之间使焦距连续变化。现在广泛使用的是变焦镜头。变焦镜头的最长焦距与最短焦距之比为变焦倍数。

2. 摄像单元

摄像单元的作用是把经过镜头送入的光信号转换为电信号，再经过各种电路处理，最后得到被称为视频信号的电信号。

3. 录像单元

录像单元就是一台录像机，其功能是把摄像单元送来的视频信号和传声器送来的音频信号转换成数字信号记录在存储卡上，它也可以作为放像机来使用。

4. 电子寻像器

摄录一体机的寻像器实际上是一个微型监视器，其作用是取景，只有在通电的情况下才能使用。

寻像器前面加有一个目镜，是一个起到放大作用的凸透镜，目镜与荧屏的距离是可调节的，以适合不同人眼的屈光度，以便看清细节。寻像器的画面上还可以显示各种文字、数字、符号等说明字符，以及设备的工作状态指示、自动警告指示等。

5. 附件

附件包括交流电源适配器（为摄录一体机提供直流电，并可作为电池充电器使用）、电池、存储卡。

6. 输入与输出接口

输入与输出接口包括音视频输出接口、音视频输入接口、监听用耳机插孔、传声器插口、交流电源适配器插口。

7. 按钮或开关

按钮或开关包括电源开关、存储卡操作钮、录制开始/暂停钮、电动变焦按钮、自动/手动模式切换开关、音频信号输入源选择开关、菜单按钮及各类设备参数设置开关等。

1.1.3　摄影摄像器材的基本操作

1. 拍摄前的准备

为确保拍摄任务的完成，每次拍摄前都应做好充分的准备，特别是出外景拍摄，更要认真检查设备是否正常，附件是否齐备。

需要准备的设备主要包括电源（电池、交流电源适配器）、传声器、监听耳机、三脚架、存储卡、监视器、高清信号传输线缆、照明设备等。如果需现场导片，则还需要准备读卡器、笔记本电脑、移动硬盘等。

2. 摄像操作程序

（1）准备。

检查所有开关是否处于正常位置。

（2）设备拍摄模式与参数调整。

（3）确定机位，实拍。

扫描下方二维码，即可获取更多的设备操作知识。

《摄像机的操控》教学视频

1.2　曝光

学习目标

1. 知识目标

（1）了解曝光的基本知识。

（2）知道影响曝光效果的因素。

2. 能力目标

能够正确操作摄影摄像器材，获得准确曝光。

3. 素养目标

（1）初步培养良好的工作态度与严谨的职业意识。

（2）初步养成精益求精的工匠精神。

1.2.1　什么是曝光

曝光是指相机或相机的快门打开，胶片或感光元件被光线照射到，从而得以成像的这个过程，如图 1-3 所示。

图 1-3　感光元件接收光线形成影像

胶片或感光元件在单位时间内接收的光线的多少，我们称之为曝光量，它决定了一张照片或动态影像的整体明暗程度。不同曝光量对画面的影响如图 1-4 所示。

曝光不足　　　　　曝光准确　　　　　曝光过度

图 1-4　不同曝光量对画面的影响

1.2.2　影响曝光的因素

1. 光圈

光圈是集成在镜头里面，由可以活动的金属叶片组成，用于控制镜头通光量的光闸。

光圈通常由多片可活动的金属叶片组成，可以使中间形成的（近似）圆孔变大或者缩小，以达到控制通光量大小的目的，如图 1-5 所示。

图 1-5　光圈示意图

通光量大小通常用"光圈系数"来表示，简称"光圈"，如图 1-6 所示。

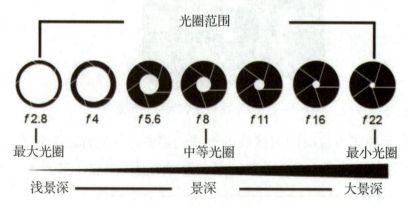

图 1-6　光圈系数

小贴士

　　光圈的大小正好和数值的大小相反。数值越小，光圈越大，单位时间内通过的光量越多；反之，数值越大，光圈越小，单位时间内通过的光量越少。

　　调节光圈时，如果把"IRIS"（光圈）标示下的"AUTO/MANUAL"开关设置为"AUTO"（自动模式），摄像机会自动调节光圈，此时无法实现光圈的手动调节，如图1-7所示。

　　如果要实现手动调节光圈，首先要把"AUTO/MANUAL"开关设置为"MANUAL"（手动模式），然后转动光圈环就可以调节光圈了，如图1-8所示。

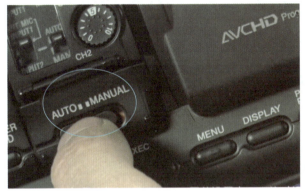 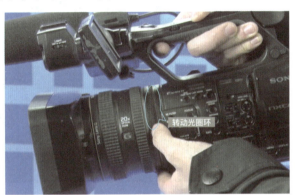

图 1-7　光圈设置为自动模式　　　　　　图 1-8　转动镜头上的光圈环手动调节光圈

2. 增益

当环境光线过暗时，还可以通过调节增益开关来控制曝光，如图1-9所示。

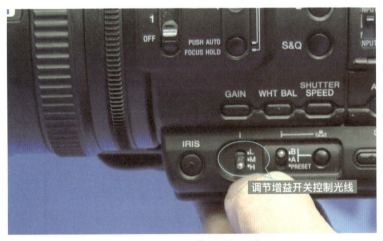

图 1-9　调节增益开关

　　增益调节是指对摄像机图像输出信号电平大小的调整。一般机器的增益分为0dB、+6dB、+12dB或0dB、+9dB、+18dB。增益提高6dB时，摄像机的图像灵敏度或输出信号电平就提高一倍。

　　（1）正常状态时，增益开关置于0dB，此时获得的图像信噪比高，清晰度好。

　　（2）低照度时（开大光圈也不行时），增益开关可置于+6dB或+18dB，图像输出电平就会增大，即增加了曝光。然而，图像雪花杂波增大，图像信噪比降低，清晰度差。

当光线过亮时，可以使用灰度滤镜（机身上以"ND FILTER"标示）来滤掉部分光线。灰度滤镜的作用相当于"太阳镜"，它过滤掉进入镜头的过强光线，保证使用恰当的光圈和快门，如图 1-10 所示。

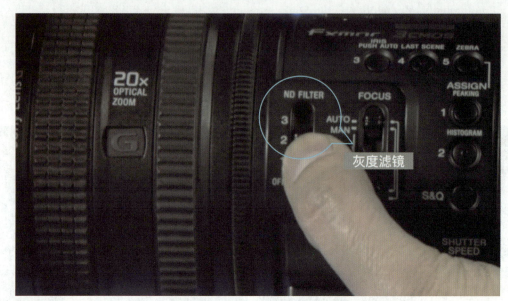

图 1-10　灰度滤镜调节

3. 快门

快门是用来控制光线照射感光元件时间长短的装置。

一般情况下，快门速度设置在"OFF"状态，当拍摄高速运动物体时，可根据实际情况切换快门速度，如图 1-11 所示。快门速度越大，进光量越小。

快门速度的大小，是指传感器暴露在光线中的时间长短。可以理解为快门速度就是曝光时间的长短，常见的快门速度有 1s、1/2s、1/4s、1/8s、1/15s、1/30s、1/60s、1/125s、1/250s、1/500s、1/1000s、1/2000s……

使用摄像机拍摄时，快门速度可以在菜单中选择设置，如图 1-12 所示。

图 1-11　快门

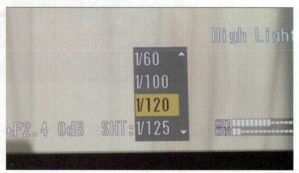

图 1-12　在菜单中设置快门速度

1.3　灯光器材

学习目标

1. 知识目标

了解灯光器材的种类及作用。

2. 能力目标

能安全、规范地使用灯光器材。

3. 素养目标

初步培养良好的工作态度、严谨的职业意识及安全意识。

不同的灯光器材适合表现不同的被摄者、不同的主题，产生不同的光效。针对不同的拍摄对象和主题，如果不清楚应该选择什么样的灯光器材、怎样用光、灯光如何组合搭配，就很难拍摄出理想的作品来。摄影摄像师、摄影助理必须了解各种灯具的性能并熟练地运用，这是从业者必须掌握的基本功。

1.3.1　灯光器材的分类

1. 聚光灯

聚光灯如图 1-13 所示。其输出的光相对较强、较硬。

作用： 打亮主体、打亮背景和投影。

它主要是增加主体的造型和背景的变化，在打背景时，可冲淡背景上的投影，投影一般要求稍模糊些、柔和些、简洁些为好，这样造成虚实的透视效果，突出前面的人物。

2. 散光灯

散光灯如图 1-14 所示。其输出的光相对柔和。

作用： 在面部明暗区域之间起到逐步过渡的作用，同时降低明暗对比。

目前，除演播室使用上述两类灯具外，外拍多使用各种类型的发光二极管（Light Emitting Diode，LED）灯。LED 灯具有功率小，但输出光线强、操控简单、轻便的优点。图 1-15 所示为 LED 摄像灯。

图 1-13　聚光灯

图 1-14　散光灯

图 1-15　LED 摄像灯

1.3.2　灯光器材的辅件

在使用各类灯具进行拍摄时，还可以在灯前使用各种灯光器材辅件，以改变光线的性质和效果，如图 1-16 所示。

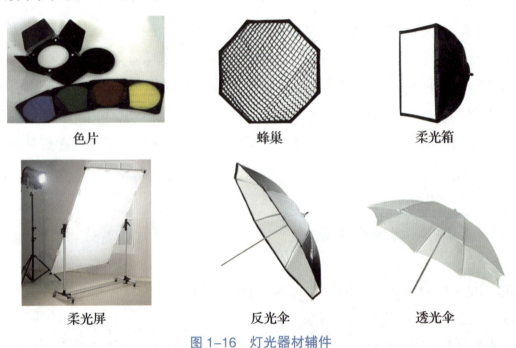

色片　　　　　　　　蜂巢　　　　　　　　柔光箱

柔光屏　　　　　　　反光伞　　　　　　　透光伞

图 1-16　灯光器材辅件

1.3.3　灯光器材的使用

1. 连接电源

接通电源，除演播室需要使用灯控台外，在其他场合，只需要打开设备上的电源开关即可输出光线，并可调节输出功率控制光线的强弱。

目前，外拍使用的各类 LED 灯具多使用 220V 交流电。一些小型 LED 补光灯则使用方形锂电池供电，为外拍提供了极大的便捷。

2. 使用时的注意事项

（1）使用 220V 甚至更高的电压（演播室使用），在操控灯具时，要注意用电安全，以防触电事故的发生。

（2）灯具在长时间使用中容易产生热量，特别是大功率灯具，我们在操作中不能用手直接触碰灯具，以免烫伤。

（3）灯具在不使用时，及时关闭电源开关，避免设备过热，以及电力资源的浪费。

（4）移动灯具时，注意轻拿轻放，避免磕碰，以免造成设备的损坏。

1.4　基础用光

学习目标

1. 知识目标

（1）掌握光在摄影中的作用。

（2）了解光的光位及不同光位在摄影中的应用。

（3）掌握光的造型功能及特点。

2. 能力目标

能根据拍摄需求运用光的光位和光效完成拍摄。

3. 素养目标

（1）培养学生动手操作能力。

（2）能够根据拍摄需要，选择不同的用光方式以表达人物情感。

在摄影中，光线是形成画面的根本，是构图、造型的重要手段。光线不同，产生的艺术效果就不同，给人的感觉也就不同。摄影其实就是对光线的处理和把握，是一个正确选择和表现光线，生动、准确地表达主题思想的过程。

1.4.1　什么是光

光是一种电磁波，可见光是指人眼视网膜受到刺激以后能引起视觉的那部分电磁波。在没有光的世界里，我们看不到任何东西，当然也就谈不上摄影。

1.4.2　光的作用

光在一幅摄影作品中的作用有哪些呢？总结起来有以下几点：

（1）表现形状、色彩、质感。

（2）表现立体感与空间感。

（3）营造氛围。

（4）特殊的光影效果。

1.4.3 光的分类

光的分类方式很多，但光在创作上可以按照以下几种方式分类，包括按光源情况划分、按光的投射方向划分、按光的高度划分、按光的造型功能划分、按光的性质和形态划分。

1. 按光源情况划分

（1）自然光：指日光、天空光、月光等天然光源产生的光。自然光又可分为直射光、散射光、反射光。室外拍摄多以自然光照明为主，如图1-17所示。

（2）人工光：指人为光源发射出来的光线。人工光源的照明范围随着灯的种类不同而不同，也随着灯的功率的不同而不同。人工光可以用人工的方法来控制光的强度和照明范围。室内拍摄多以人工光照明为主，演播室拍摄则完全使用人工光照明，如图1-18所示。

图1-17 自然光照明

图1-18 人工光照明

2. 按光的投射方向划分

随着时间、地点和方向的变化，景物总是被来自不同方向的光线照亮，产生各种不同的照明效果，我们把各种不同方向的光的位置称作光位，如图1-19所示。

（1）顺光。

顺光指在被拍摄者面部正前方的平行位置上照出的，均匀、没有光影交织的光线，也可以称作正面光，如图1-20所示。

（2）前侧光。

前侧光是摄影用光中的一种，这种光线比较符合人们日常生活中的视觉习惯。

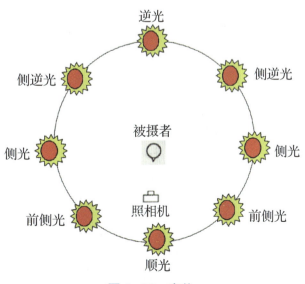

图1-19 光位

使用前侧光，被摄者有较明显的明暗反差，可较好地表现被摄者的质感。前侧光可产生光影间排列，尤其能将表面结构的质地精细地显示出来，如图 1-21 所示。

图 1-20　顺光照明

图 1-21　前侧光照明

（3）侧光。

侧光也称阴阳光。这种光给人的观感十分硬派，在人像摄影中适合气场很强的人物。正侧光既是分割布光法，是在被摄者的正侧方布光，把面孔通过明暗关系一分为二，如图 1-22 所示。

（4）侧逆光。

采用侧逆光照明，被摄者面部和身体的受光面只占小部分，阴影面占大部分，所以影调显得比较沉重。采用这种照明方法，被摄者的立体感比顺光照明好一些，但影像中阴影覆盖的部分立体感仍较弱。常常需要反光板、电子闪光灯等辅助照明灯具适当提高阴影面的亮度，修饰阴影面的立体层次，改善阴影部分的立体感，如图 1-23 所示。

图 1-22　侧光照明

图 1-23　侧逆光照明

（5）逆光。

逆光也称背光，因为前后光比过大会导致被摄者面部漆黑而轮廓明亮。逆光会让被摄者的轮廓更加清晰，发丝更加通透，如图 1-24 所示。

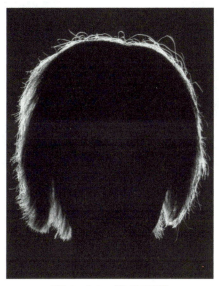

图 1-24　逆光照明

3. 按光的高度划分

（1）通常高度。

通常高度照明指光线的投向略高于被摄者，被摄者面部眼窝、鼻子、嘴、下巴的投影不重，阴影并不深陷，适合拍摄人物，如图 1-25 所示。

图 1-25　通常高度照明

（2）顶光。

顶光指光线从垂直照射与地平线成 90° 正好照在景物顶上，故称顶光，如图 1-26 所示。

（3）脚光。

从被摄体的下方向上射出的光线，称为脚光，如图 1-27 所示。

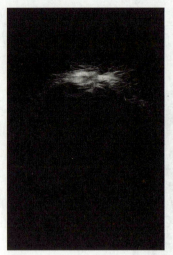

图 1-26　顶光照明

图 1-27　脚光照明

4. 按光的造型功能划分

光型指各种光线在拍摄时的作用。

（1）主光：又称"塑形光"，指用以显示景物、表现质感、塑造形象的主要照明光。

（2）辅光：又称"补光"，用以提高由主光产生的阴影部亮度，揭示阴影部细节，减小影像的明暗反差。

（3）修饰光：又称"装饰光"，指对被摄景物的局部添加的强化塑形光线，如发光、眼神光、工艺首饰的耀斑光等。

（4）轮廓光：指勾画被摄体轮廓的光线，逆光、侧逆光通常用作轮廓光。

（5）背景光：灯光位于被摄者后方朝背景照射的光线，用以突出主体或美化画面。

光比指被摄体主要部位的亮部与暗部的受光量差别，通常指主光与辅光的差别。光比大，反差就大，有利于表现"硬"的效果，如图 1-28 所示；光比小，反差就小，有利于表现"柔"的效果，如图 1-29 所示。调节光比的手段主要有 3 种：调节主、辅光的强度；调节主、辅灯至被摄体的距离；用反光板、闪光灯对暗部进行补光。

图 1-28　大光比照明

图 1-29　小光比照明

5. 按光的性质和形态划分

无论是自然光还是人工光，都有软硬之分。这里是指拍摄所用光线的软硬性质，也称光质，可分为硬光和软光。

（1）硬光：指强烈的直射光，也称为直射光。硬光的造型效果：在硬光照明下，被摄体上有强烈的受光面、背光面和影子。受光面和背光面之间的反差加大，造成强烈的明暗对比，如图 1-30 所示。

（2）软光：指照明在被摄体上不产生明显阴影的光。软光是一种漫反射光，光源方向性不明显，也称散射光。软光的造型效果：软光照明由于光质柔和，没有明显的受光面和背光面，没有明显的影子，反差较小，影调平柔，如图 1-31 所示。

图 1-30　硬光照明

图 1-31　软光照明

1.5　白平衡调整

1.5.1　色温

1. 色温的概念

色温是表示光源光色的尺度，单位为开尔文（K）。

通常人眼所见到的光线，是由 7 种色光的光谱组成。其中有些光线偏蓝，有些则偏红，色温就是专门用来量度和计算光线的颜色成分的方法。

光源发射光的颜色与黑体在某一温度下辐射光的颜色相同时，黑体的温度称为该光源的色温。在黑体辐射中，随着温度不同，光的颜色各不相同，黑体呈现红—橙红—黄—黄白—白—蓝白的渐变过程。某个光源所发射的光的颜色，看起来与黑体在某一个温度下所发射的光颜色相同时，黑体的这个温度称为该光源的色温。黑体的温度越高，光谱中蓝色的成分则越多，而红色的成分则越少。例如，白炽灯的光色是暖白色，其色温为 2700K，而日光色荧光灯的色温则是 6000K。

2. 色温的特性

光源的色温高低与其发光温度并没有必然的联系。例如，同一盏灯，蒙上一张蓝色透明纸时，发出的光线的色温就提高了。

光的色温不同，呈现的颜色也就不同。而有些则是人的肉眼不能明显辨别的，如有云遮日与无云遮日的阳光，它们呈现的颜色在肉眼看起来就无明显差别。即使对无云遮日的阳光而言，太阳从升起到日落，色温也在不断地变化。因此，在拍摄中，对常用光源的色温应该有所了解，并能熟记与运用。

常见光源的色温值见表 1-1，供大家在运用光线拍摄时作为参考。

表 1-1　常用光源色温值

光源	色温 /K
晴朗的蓝天	10000~20000
发蓝的云天	8000~10000
云天	7000
透过薄云的阳光（中午）	6500
平均的夏季（上午 10 时至下午 3 时）	5500~5600
早晨或夏季阳光	4000~5000
日出、日落	2000~3000
电子闪光灯	5500
热靴闪光灯	5500
摄影强光泡	3400
石英碘钨灯	3300
摄影钨丝灯	3200
200W 家用白炽灯泡	2800
烛光	1930

1.5.2　白平衡

1. 白平衡的概念

白平衡，从字面上理解就是白色的平衡。通俗地讲，白平衡就是"在不同光线环境中，让相机拍出来的白色物体还原为白色"。如果白色物体还原成白色，那其他景物的影像就会接近人眼的色彩视觉习惯。简单地说，白平衡就是矫正拍摄时影像偏色的过程。

2. 白平衡的调整

白平衡的调整是用白色作为拍摄基准，调整摄像机三色电信号混合比例，使之与实际光源的光谱成分协调一致，使景物色彩正常再现或根据创作意图形成最佳的色调效果而进行的工作，具体操作如下。

方法 1：

（1）选择一个白色物体作调整标准。

（2）将选取的物体置于所拍摄场景中。

（3）调整焦距，使白色物体充满画面。

（4）拨动自动白平衡开关，摄像机自动调整并保存设置。

以上操作是自动调节白平衡的方法，如图1-32所示。也可以采用另外两种方法调节拍摄设备的白平衡数值。

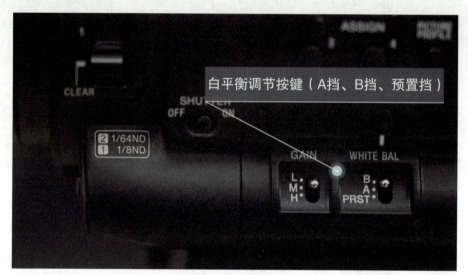

图1-32　自动调节白平衡

方法2：

（1）选择一个白色物体作调整标准。

（2）将选取的物体置于所拍摄场景中。

（3）调整焦距，使白色物体充满画面。

（4）长按摄像机前端底部的"WB"按钮，待摄像机完成白平衡设定，显示色温值，松开按钮。

方法3：

（1）使用色温表测定拍摄现场光线色温。

（2）打开拍摄设备设置菜单，找到"色温设置"项。

（3）转动参数调节转轮，设置设备色温值与测定值一致，确认并退出设置菜单，即完成了设备的白平衡调整。

1.6　画面景深

1.6.1　景深

在聚焦完成后，在焦点前后的范围内都能形成清晰的像，这一前一后的距离范围叫作景深。景深的概念如图 1-33 所示。

景深越大，纵深景物的清晰范围也就越大，称为大景深。景深越小，纵深景物的清晰范围也就越小，称为小景深或者浅景深。不同景深的对比如图 1-34 所示。

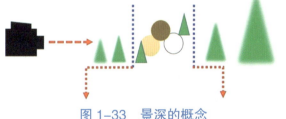

图 1-33　景深的概念

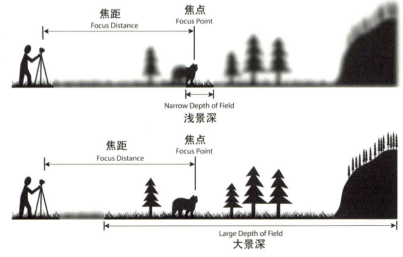

图 1-34　不同景深的对比

1.6.2 影响景深的三要素

影响景深的三要素是光圈、镜头焦距、拍摄距离（物距）。

光圈越大，景深越浅；镜头焦距越长，景深越浅；拍摄距离越近，景深越浅。反之亦然。

1. 光圈对景深的影响

在镜头焦距及拍摄距离不变的情况下，光圈越大，景深越浅，如图 1-35 所示。

图 1-35　不同光圈的画面景深对比

2. 镜头焦距对景深的影响

在拍摄距离及光圈不变的情况下，镜头焦距越长，景深越浅，如图 1-36 所示。

图 1-36　不同镜头焦距的画面景深对比

3. 拍摄距离对景深的影响

在光圈及镜头焦距不变的情况下，越接近拍摄目标，景深越浅，如图 1-37 所示。

光圈：F8
快门：f/100
物距：2m

光圈：F8
快门：f/100
物距：5m

图 1-37　不同拍摄距离的画面景深对比

1.7　项目实施

1.知识目标

（1）了解单人单机位访谈节目的画面构图。

（2）了解单人单机位访谈节目拍摄的岗位工作流程。

2.能力目标

（1）掌握摄像设备在拍摄现场的正确曝光、白平衡调节与景深控制。

（2）能使用三点布光法完成现场布光。

（3）掌握单人单机位访谈拍摄的工作流程。

（4）按照访谈节目制作的工作流程，由团队完成单人单机位访谈节目的拍摄。

3.素养目标

初步具备分析、思考的能力及严谨细致、一丝不苟的职业素养。

项目描述

　　本期项目主题为"用镜头讲好中国故事，用行动践行工匠精神"系列访谈节目制作之《风雨历程守初心——寻访身边的老党员》。

　　通过被访嘉宾讲述中国共产党的党史和丰功伟绩，旨在使同学们和观众切身体会中国共产党如何带领中国人民一步步走到今天，使中国成为世界强国，了解祖国从贫到富、从弱到强的风雨历程，感受党的正确领导和人民团结奋斗的精神。

1.7.1　项目策划

　　根据访谈主题、内容与规模，进行项目策划。

　　项目策划需要注意以下 3 个方面。

1. 作品的思想性

如何通过访谈内容、访谈对象的选择等呈现作品的主题与内涵。

2. 作品的艺术性

如何通过画面影调、色彩、构图等艺术手法呈现作品的主题与内涵。

3. 作品的技术性

岗位设置与职责、项目执行流程与执行标准、团队组建。

 小贴士

针对不同拍摄环境和主题，在岗位配置和总体环节构建上，应根据具体情况进行合理设计。

1.7.2　项目协调会

项目负责人组织团队成员召开项目协调会，以明确各自的岗位分工与职责、执行流程与标准。

 小贴士

针对不同拍摄环境和主题，在岗位职责、项目执行流程与标准上，应根据具体情况进行合理设计。

1.7.3　项目执行

1. 准备环节

准备环节中，导演、置景师、摄像师、摄影助理、拾音师和灯光师等岗位人员通力合作，做好设备的领取和架设、拍摄场地及相关人员调度等准备工作。

（1）准备环节导演岗位职责及工作要领见表 1–2。

表 1–2　准备环节导演岗位职责及工作要领

岗位	岗位职责	工作要领
导演	①与访谈嘉宾沟通拍摄流程及注意事项。 ②现场工作人员的调度及工作内容监督检查。	①注意待人礼节与敬语的使用。 ②沟通时，信息传达要精准并使用专业术语。

导演与嘉宾沟通

（2）准备环节置景师岗位职责及工作要领见表1-3。

表1-3　准备环节置景师岗位职责及工作要领

岗位	岗位职责	工作要领
置景师	①按方案选景、领取道具。 ②按方案摆放道具。	①按照设备清单领取道具，并检查数量、规格型号。 ②道具轻拿轻放。

置景师摆放道具

（3）准备环节摄像师岗位职责及工作要领见表1-4。

表1-4　准备环节摄像师岗位职责及工作要领

岗位	岗位职责	工作要领
摄像师	①领取摄像机、电池、存储卡、三脚架。 ②架设三脚架并调节水平。 ③架设机器。	①按照器材清单领取器材，并检查器材的规格型号与完好性。 ②设备轻拿轻放。 ③注意机位及三脚架架设高度，避免镜头轴线非垂直及出现仰俯角。 ④检查三脚架水平仪，保证三脚架云台无倾斜。

三脚架架设

三脚架云台水平调节

（4）准备环节摄影助理岗位职责及工作要领见表1–5。

表 1–5　准备环节摄影助理岗位职责及工作要领

岗位	岗位职责	工作要领
摄影助理	①领取监视器、高清线缆。 ②架设监视器，并使用高清线缆连接摄像机与监视器。 ③线缆连接无误后，打开监视器电源，按下与线缆接头一致的输入端按钮，并提示摄像师打开摄像机电源。	①按照器材清单领取器材，并检查器材的规格型号与完好性。 ②设备轻拿轻放。 ③线缆排列无交叉缠绕，并使用大力胶固定。 ④连接线缆接头时，需关闭所连接设备的电源，避免产生静电发生短路，造成设备接口或电路的损坏。 ⑤连接摄像设备一端的线缆需缠绕并悬挂于三脚架手柄上，并可用大力胶固定。 ⑥连接交流电源时，注意用电安全。

正确的线缆排列与固定

错误的线缆排列

架设监视器

续表

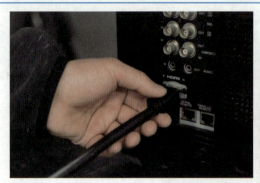

使用高清线缆连接监视器和摄像机

线缆在摄像机端的放置

（5）准备环节拾音师岗位职责及工作要领见表1–6。

表 1–6　准备环节拾音师岗位职责及工作要领

岗位	岗位职责	工作要领
拾音师	①领取领夹式传声器，并检查频道及电量。 ②正确安装接收端于摄像机上。	①按照器材清单领取器材，并检查器材的规格型号与完好性。 ②设备轻拿轻放。 ③注意高清摄像机与相机的音频线缆使用不同的接头。

卡侬接口与 3.5mm 双芯插头

（6）准备环节灯光师岗位职责及工作要领见表1-7。

表 1-7　准备环节灯光师岗位职责及工作要领

岗位	岗位职责	工作要领
灯光师	领取灯具。	①检查所有灯具是否正常。 ②注意用电安全。

2. 调试环节

调试环节中，导演、置景师、摄像师、摄影助理、拾音师和灯光师等岗位人员通力合作，做好设备参数设置及拍摄用光、画面构图等调试工作。

（1）调试环节导演岗位职责及工作要领见表1-8。

表 1-8　调试环节导演岗位职责及工作要领

岗位	岗位职责	工作要领
导演	监视器前调度置景师、灯光师、摄像师、拾音师进行设备调试。	①调度指令清晰明确，并使用专业术语。 ②调度置景师：注意画面构图的美感，避免背景中的横竖线条"穿头"。 ③调度灯光师： a.画面主体人物亮度不低于背景亮度（必要时，可使用测光表）。 b.人物面部避免出现过重的阴影。 ④调度摄像师： a.保证画面主体不失焦、虚焦。 b.画面构图：在人物视线方向留够空间，人物不居中；画面无"顶天""托底""撞墙"现象。 c.画面无偏色。 d.画面中的3个影调（高光区、中间调、暗部）不丢失细节。 e.人物与背景的景深控制。 ⑤调度拾音师：能清晰监听到领夹式传声器拾取的音频信号，且无底噪和杂音。

背景、道具对画面美感的影响

按背景曝光，人物"欠曝"

按人物曝光，背景"过曝"

人物面部阴影过重

人物面部阴影适中

对焦：虚焦

对焦：失焦

人物居中

人物"撞墙"

人物"顶天"

人物"托底"

续表

色温匹配：正常　　　　　色温匹配：偏暖　　　　　色温匹配：偏冷

曝光合适　　　　　　　曝光过度　　　　　　　曝光过欠

小景深　　　　　　　　　　　　大景深

（2）调试环节置景师岗位职责及工作要领见表 1-9。

表 1-9　调试环节置景师岗位职责及工作要领

岗位	岗位职责	工作要领
置景师	根据导演指令调整道具及入镜人物的坐姿等。	能领会导演指令，并迅速做出回应。

注意细节——背景、道具对画面美感的影响

（3）调试环节摄像师岗位职责及工作要领见表1-10。

表1-10　调试环节摄像师岗位职责及工作要领

岗位	岗位职责	工作要领
摄像师	①与拾音师先行测试领夹式传声器拾音效果。 ②按照方案及导演指令，调试摄像机（对焦、构图、白平衡、曝光、景深控制、拾音效果等）。	①熟练进行摄像设备的参数设置。 ②佩戴耳机，分别与拾音师一起测试拾音效果，与导演一起监听拾音效果。 ③能领会导演指令，并迅速做出回应。
	扫一扫，观看《摄像机的操控》和《三脚架的使用》教学视频	

（4）调试环节摄影助理岗位职责及工作要领见表1-11。

表1-11　调试环节摄影助理岗位职责及工作要领

岗位	岗位职责	工作要领
摄影助理	①检测音视频信号是否正常。 ②使用白板协助摄像师完成白平衡调整。	①信号不同步： 　a. 检查监视器输入端接口与设备菜单中的"输入选择"设置是否一致。 　b. 检查摄像设备菜单中的"输出选择"设置是否正确。 　c. 检查摄像设备输出接口连接是否正确。 　d. 检查摄像设备输出接口是否正常。 　e. 检查线缆是否正常。 ②白板的放置，应贴近出镜人物，并与其在同一高度，同一平面，以保证白平衡调试的准确。
	扫一扫，观看《摄像设备与监视器连接的信号检测》教学视频	

（5）调试环节拾音师岗位职责及工作要领见表 1–12。

表 1–12　调试环节拾音师岗位职责及工作要领

岗位	岗位职责	工作要领
拾音师	①与摄像师先行测试拾音效果。 ②协助出镜人物佩戴领夹式传声器。	①自行持领夹式传声器，与摄像师测试设备信号是否通畅，拾音是否清晰无底噪。 ②正确放置领夹式传声器，并协助摄像师、导演测试领夹式传声器是否出现与佩戴者因衣物和身体的摩擦产生的杂音。
	领夹式传声器佩戴位置	扫一扫，观看 《领夹式传声器的使用》教学视频

（6）调试环节灯光师岗位职责及工作要领见表 1–13。

表 1–13　调试环节灯光师岗位职责及工作要领

岗位	岗位职责	工作要领
灯光师	按照方案，并根据导演指令调整灯光。	①画面主体人物亮度不低于背景亮度（必要时，可使用测光表）。 ②人物面部避免出现过重的阴影。 ③能领会导演指令，并迅速做出回应。 ④调节灯具时，注意人身和设备安全。

按背景曝光，人物"欠曝"

按人物曝光，背景"过曝"

人物面部阴影过重

人物面部阴影适中

3. 拍摄环节

拍摄环节中，导演、置景师、摄像师、摄影助理、拾音师和灯光师等岗位人员通力合作，以保证拍摄工作的顺利进行，以及保障音视频素材采集的质量。

拍摄环节各岗位职责及工作要领见表1–14。

表1–14　拍摄环节各岗位职责及工作要领

岗位	岗位职责	工作要领
导演	①发布指令，开始拍摄。 ②拍摄中，监看画面，监听拾音。 ③发布指令，结束拍摄。	指令下达清晰明确，并使用专业术语。
摄像师	①按照方案完成访谈内容音视频素材的采集。 ②按导演指令完成运镜。	①画面稳定、无倾斜。 ②构图合理。 ③对焦准确，无失焦或虚焦。 ④曝光合适（3个影调均有细节层次）。 ⑤色温正常。 ⑥能领会导演指令，并迅速做出"动作"回应。
置景师 摄影助理 拾音师 灯光师	场内待命。	分段拍摄时，摄影助理可兼做场记，协助记录分段文件号。

导演现场调度

摄像师现场采集音视频素材

4. 收尾环节

收尾环节中，导演、置景师、摄像师、摄影助理、拾音师和灯光师等岗位人员通力合作，以保证素材安全、设施设备完好无缺失，并注意成本。

收尾环节各岗位职责及工作要领见表1–15。

表 1–15　收尾环节各岗位职责及工作要领

岗位	岗位职责	工作要领
导演	①与出镜人物沟通交流。 ②下达"项目执行结束"指令。	①注意待人礼节与敬语的使用。 ②根据方案预设的作品效果判断是否需要"保一条"。
置景师	接收"项目执行结束"指令，收拾所负责道具及场地环境。	按照设备清单检查道具数量、规格型号无误后，归还库管。
摄像师	①接收"项目执行结束"指令，关机退卡。 ②收拾所负责器材及场地环境。	①与导演交接存储卡。 ②按照器材清单检查器材数量、规格型号无误后，归还库管。
摄影助理	接收"项目执行结束"指令，收拾所负责设备及场地环境。	①按照器材清单检查器材数量、规格型号无误后，归还库管。 ②若出现分段拍摄，与导演交接场记表。
拾音师	接收"项目执行结束"指令，收回领夹式传声器，并关闭电源。	按照器材清单检查领夹式传声器数量、规格型号无误后，关闭电源，退出电池，归还库管。
灯光师	①接收"项目执行结束"指令，将灯具复位。 ②保留场灯，关闭拍摄灯光。 ③关闭电箱电闸。	①灯具复位时，注意人身和设备安全。 ②具有节约电力资源的意识。

1.7.4　项目总结

（1）项目组成员观看拍摄素材回放。

（2）自评。

依据项目策划，按照作品的思想性、艺术性和技术性 3 个方面及预设拍摄效果，对项目执行现场做自我评价。

（3）互评与师评。

按照项目执行流程标准及项目执行技术标准进行评价。

（4）总结。

发现问题，找出问题产生的原因，寻求解决问题的方法与途径。

（5）各岗位完成实训手册的填写。

评价、总结时，可以参考"项目执行流程评价表"和"项目执行标准评价表"，见表 1–16、表 1–17。

表 1-16　项目执行流程评价表

岗位	岗位流程完成度（√代表完成）	问题及改进
导演	□①发布工作指令。 □②与嘉宾沟通拍摄流程及注意事项。 □③现场工作人员的调度及工作内容监督检查。 □④监视器前调度置景师、灯光师、摄像师。 □⑤发布指令，开始拍摄。 □⑥拍摄中，监听拾音并适度调度摄像师。 □⑦发布指令，结束拍摄。 　　　　　　　　　　是否合格：	
置景师	□①按方案选景、领取道具。 □②按方案摆放道具。 □③根据导演指令调整道具及嘉宾坐姿等。 □④结束拍摄，收拾所负责道具及场地环境。 　　　　　　　　　　是否合格：	
摄像师	□①领取摄像机、电池、存储卡、三脚架。 □②架设三脚架并调节水平。 □③架设机器，并打开电源。 □④按方案调试摄像机（对焦、构图、曝光、白平衡、拾音效果等）。 □⑤按方案完成访谈内容音视频素材的采集。 □⑥结束拍摄，收拾所负责设备及场地环境。 　　　　　　　　　　是否合格：	
摄影助理	□①领取监视器、高清线缆。 □②架设监视器，并连接摄像机。 □③检测音视频信号是否正常。 □④使用大力胶固定线缆。 □⑤使用白板协助摄像师完成白平衡调整。 □⑥结束拍摄，收拾所负责设备及场地环境。 　　　　　　　　　　是否合格：	
拾音师	□①领取领夹式传声器，并检查频道及电量。 □②按方案放置发射端，并保证器材安全；正确安装接收端于摄像机。 □③测试拾音信号是否正常。 □④拍摄时于监视器前监测拾音质量。 □⑤结束拍摄，收回领夹式传声器，并关闭电源。 　　　　　　　　　　是否合格：	

【项目1：单人单机位访谈节目制作】项目执行流程评价表　　　项目组：　　　评价人：

续表

岗位	岗位流程完成度（√代表完成）	问题及改进
灯光师	□①领取灯光器材、插排。 □②按方案架设灯光。 □③调节光效及输出功率，控制光比。 □④使用大力胶固定线缆。 □⑤根据导演指令调整灯光（光效、输出功率等）。 □⑥结束拍摄，收拾所负责设备及场地环境。 　　　　　　　　　　　　　　　　是否合格：	

表 1-17　项目执行标准评价表

【项目 1：单人单机位访谈节目制作】项目执行标准评价表	项目组：　　　评价人：	
岗位	岗位执行标准（√代表合格）	问题及改进
导演	□①指令准确清晰。 □②与嘉宾沟通时使用敬语及准确表达拍摄意图。 □③人员调度合理、及时，能发现问题并监督解决。 □④能用专业术语调度置景师、灯光师、摄像师对设施设备的操控。 □⑤发现拾音有问题时及时止损。 　　　　　　　　　　　　　　　　是否合格：	
置景师	□①场景、道具符合访谈主题。 □②道具摆放满足构图美感。 □③根据导演调整指令快速做出正确反应。 □④调整嘉宾坐姿时使用敬语及规范的专业术语和动作。 □⑤定位高度与嘉宾坐高基本一致。 □⑥恢复场地及道具归还。 　　　　　　　　　　　　　　　　是否合格：	
摄像师	□①设备领取与归还无缺失、损坏。 □②三脚架操控规范。 □③架设机器动作规范。 □④无失焦或虚焦，曝光合适（3 个影调均有细节层次），画面稳定、无倾斜，色温正常。 　　　　　　　　　　　　　　　　是否合格：	
摄影助理	□①设备领取与归还无缺失、损坏。 □②线缆接头操作规范并连接正确。 □③监视器信号正常。 □④线缆铺设无交叉，并使用大力胶固定（大力胶粘贴稳固、无浪费）。 □⑤白板摆放位置正确。 □⑥结束拍摄，按规范收拾线缆。 　　　　　　　　　　　　　　　　是否合格：	

续表

岗位	岗位执行标准（√代表合格）	问题及改进
拾音师	□①正确安装领夹式传声器。 □②提前与摄像师、导演测试领夹式传声器，保证拾音正常。 □③拾音清晰，无噪声、杂音。 □④全程保证设备的完好，无缺失。 <div align="right">是否合格：</div>	
灯光师	□①设备领取与归还无缺失、损坏。 □②插排摆放位置无安全隐患；线缆铺设无交叉，并使用大力胶固定（大力胶粘贴稳固、无浪费）。 □③灯光操控规范、无安全隐患。 □④光效符合设计方案，光比符合访谈节目用光要求。 □⑤根据导演调整指令，快速做出正确反应。 □⑥结束拍摄，按规范收拾设备与线缆。 <div align="right">是否合格：</div>	

扫一扫

　　通过扫描二维码，我们可以获取单人单机位访谈节目拍摄项目的执行流程标准与执行技术标准评价表等相关文本文档。

　　同学们可打印填写后装订成册，作为本项目的实训手册。

项目 2

双人单机位访谈节目制作

项目分析

　　本项目采用单机位＋双人（主持人＋被访者）拍摄方式，岗位由导演＋摄像师＋摄影助理＋拾音师/灯光师/置景师（根据拍摄现场光线及场地灵活设置）构成。这种拍摄方式适用于新闻采访及录制时长较短的小型话题讨论与对话类节目的拍摄。

　　项目的顺利完成，需要团队成员理解访谈主题，熟悉岗位职责及工作流程，具备选景、用光、设备使用安全与正确操控及运镜稳定性的基本能力。

2.1　镜头的运动

2.1.1　运动镜头的分类

我们在访谈节目制作中常用的运动镜头有 5 种，分别是：推镜头、拉镜头、摇镜头、移镜头、跟镜头。

2.1.2　运动镜头的区别及联系

从摄影机的位置、被摄的主体和视觉效果或表现目的角度分析，5 种运动镜头的区别及联系，简单地说如图 2-1 所示。

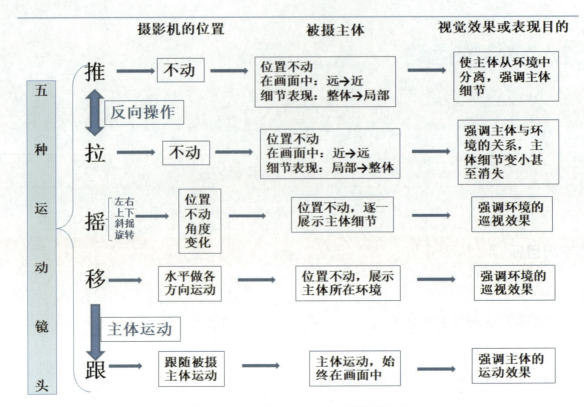

图 2-1　5 种运动镜头的区别及联系

2.1.3　运动镜头的定义与作用

1. 推镜头

推镜头是指摄像机向被摄主体的方向推进，或者通过变动镜头的焦距是画面框架由远而近向被摄主体不断接近的拍摄方法。推镜头的作用是突出场景内的人或物，表现人物的情感细节，如图 2-2 所示。

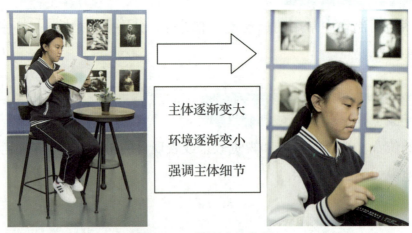

图 2-2　推镜头的作用

2. 拉镜头

拉镜头是指被摄主体不动，摄像机逐渐远离被摄主体方向，或者通过变动镜头的焦距使画面框架由近到远离开主体的拍摄方法。拉镜头的作用是形成宏观环境的交代或者特定的暗示，有利于调动观众对画面外环境的好奇，如图 2-3 所示。

主体逐渐变小
环境逐渐变大
强调主体与环境的关系

图 2-3　拉镜头的作用

3. 摇镜头

摇镜头是指在拍摄一个镜头的过程中，摄像机机位不变，通过机身在上下和左右方向的匀速摇动，形成的镜头运动方式。摇镜头的作用是展示众多的人或事，使观众对眼前事物的各个部分逐一观察，如图 2-4 所示。

摄像机机位不变，机身作上下、左右、旋转等运动

图 2-4　摇镜头的作用

4. 移镜头

移镜头是指经摄像机架设在活动的物体上并随之运动而进行的拍摄方式，又称为移动拍摄。移镜头分为前后移动、左右移动和弧形移动拍摄。移镜头的作用是表现出流动感，使观众产生身临其境的感觉，如图 2-5 所示。

摄像机按照一定轨迹进行移动拍摄

图 2-5　移镜头的作用

5. 跟镜头

跟镜头又称为跟随拍摄，是指摄像机镜头始终跟随运动的被摄主体一起运动而进行的运动拍摄方式。根据拍摄角度的不同，跟镜头可以分为前跟、后跟和侧跟 3 种拍摄方式。跟镜头的作用是表现主体的运动，如图 2-6 所示。

摄像机跟随被摄主体的运动进行拍摄，使被摄主体始终出现在画面中

图 2-6　跟镜头的作用

下面我们跟随视频来学习这 5 种运动镜头。

运动镜头

2.1.4　运动镜头的操作

1. 持机方式

摄影机的持机方式分为以下两种。

（1）肩扛式持机。

在没有三脚架的情况下可以采用肩扛式持机的方式进行拍摄。肩扛式持机的操作要领是用右肩抗住摄像机，右手握住手柄，操控电动变焦杆。左手配合右手进行其他操作，如扶住或转动寻像器进行手动聚焦、手动变焦等。拍摄时两脚分开与肩膀同宽，重心在身体中间，或者利用身边的倚靠物，如树木、扶梯、墙壁等，使摄像机保持平稳，不抖动。肩扛式持机如图 2-7 所示。

利用肩扛式持机的方式在进行镜头运动时要稳定平滑、保持匀速，同时注意调整画面构图。由于被摄主体的高度不同，或者为了满足画面构图的需要和画面的平稳，也会采用蹲姿持机（见图 2-8）、举姿持机（见图 2-9）和跪姿持机（见图 2-10）等方式进行拍摄。

图 2-7　肩扛式持机

图 2-8　蹲姿持机

图 2-9　举姿持机

图 2-10　跪姿持机

（2）三脚架固定。

长时间拍摄时，为了保持画面平稳，一般采用将摄像机固定在三脚架上的方式进行拍摄。三脚架固定摄影机的要领是三脚架保持水平，摄像机固定在云台上，如图 2-11 所示。将摄像机固定在三脚架上进行镜头运动时要手持摄像机手柄，贴紧胸前，运动镜头稳定平滑、保持匀速，同时注意调整画面构图。

图 2-11　三脚架固定摄影机

2. 运动镜头的操作要领

运动镜头的速度要均匀。在拍摄过程中，运动的速度不要时快时慢、断断续续。起幅、落幅时的加速和减速也应缓慢、均匀。如开始动时，应是缓慢起动，匀加速运动；到一定速度时保持匀速；至落幅时，匀减速运动。推镜头和拉镜头时要控制好变焦杆，掌握好操控变焦杆的力度，保证在变焦过程中速度均匀。

（1）可通过两种方式达到推镜头的效果。

方法 1：通过向前按变焦控制杆"T"端来使焦距变长，如图 2-12 所示。

方法 2：通过旋转摄像机上的变焦环来使镜头的焦距变长，如图 2-13 所示。

图 2-12　按变焦控制杆"T"端

图 2-13　旋转变焦环使焦距变长

（2）可通过两种方式达到拉镜头的效果。

方法 1：通过向前按变焦控制杆"W"端来使焦距变短，如图 2-14 所示。

方法 2：通过旋转摄像机上的变焦环来使镜头的焦距变短，如图 2-15 所示。

图 2-14　按变焦控制杆"W"端

图 2-15　旋转变焦环使焦距变短

（3）摇镜头的操作包括沿着水平方向摇镜头和沿着垂直方向摇镜头，摇摄时要控制好力度和速度，身体紧靠摄像机机身形成一个阻力，保证摄像机的转动速度均匀，如图2-16所示。

图 2-16　摇镜头

（4）移镜头的操作要领是要沿着一定的轨迹来移动镜头，分为前后移动拍摄、左右移动拍摄和弧形移动拍摄。采用肩扛摄像机的方式进行移动拍摄，就要采用侧步行走的方式。如果想向右边侧步行走，首先要两腿微曲，如图2-17所示；然后把左脚移到右脚前，如图2-18所示；当左脚碰到地面时，把身体的重心慢慢移转到左脚上，再把右脚向后绕过左脚站稳，如图2-19所示。依次重复以上的动作，完成整个拍摄过程。

图 2-17　侧步行走动作一　　　图 2-18　侧步行走动作二　　　图 2-19　侧步行走动作三

条件允许的时候可以采用铺设轨道的方法，如图 2-20 所示。

图 2-20　铺设轨道移镜头

（5）跟镜头的操作要领是要始终跟随主体进行拍摄，可以采用肩扛摄像机或者铺设轨道的方法。跟镜头在拍摄过程中，要跟上、追准被摄主体，并力求使被摄主体稳定在画面的某个位置上，无论被摄主体的运动状态如何，镜头运动应尽量保持直线运动。跟拍的速度与被摄主体的运动速度要保持一致，避免发生主体"逃出"画面之外的情况。跟镜头拍摄主要是通过机位运动完成对动态的被摄主体的运动表现，在拍摄中，视距的变化、拍摄角度的变化、光影的变化都会对画面效果产生显著的影响，要注意综合考虑这些因素。

肩扛摄像机跟镜头的方法，如图 2-21 所示。

图 2-21　肩扛摄像机跟镜头

也可以采用铺设轨道的方法进行跟镜头的拍摄，如图 2-22 所示。

图 2-22　铺设轨道跟镜头

持机方式和运动镜头的操作可以扫码跟随视频来学习。

持机方式　　　运动镜头的操作

2.2 双人单机位访谈节目项目策划

学习目标

1.知识目标

（1）了解项目策划的内容和过程。

（2）知道项目策划方案和拍摄执行方案的组成部分。

2.能力目标

（1）能够初步按照项目策划要求策划简单的访谈节目。

（2）能够撰写简单的项目策划方案和拍摄执行方案。

3.素养目标

（1）能够兼顾团队每位成员的特点，根据实际情况进行岗位分工与合作。

（2）能够充分考虑工作细节，未雨绸缪、精益求精做好项目策划工作。

2.2.1 项目策划方案的制定

1.搭建访谈节目框架

在进行访谈节目制作之前首先要完成节目的策划工作，制定项目策划方案，并根据策划方案制定具体的拍摄执行方案。搭建项目策划方案的框架结构包括两部分内容：访谈前的资料准备工作和项目策划工作。

访谈前的资料准备工作包括了解被访人物的姓名、背景资料、节目受众、采访要达到的目的及拟定采访提纲，见表2-1。

表2-1 访谈节目资料

被访人物	被访人物背景	节目受众	采访目的	采访提纲

项目策划工作就是要未雨绸缪，将访谈节目制作过程中可能会遇到的问题和解决方案全部考虑到。从前期的策划、人员的分工合作、与被访对象沟通、了解并满足客户需求、节目的流程设计，到现场具体的拍摄过程，包括架设机位、灯光场景的布置、现场的主持与拍摄，再到后期的制作与编辑，直到最后将作品交到客户手中，使客户满意，每一个环节具体的工作内容、可能会出现的问题预判、问题的解决方案，以及每一项工作的时间节点和具体的负责人都要呈现在表格中，见表 2-2。根据这张项目策划工作表，整个访谈节目的制作过程按时间节点推进，保证各项工作的顺利进行，最终按计划交到客户手中，满足客户要求，使客户满意。

表 2-2　项目策划工作表

工作环节	工作内容	问题预判	预备方案	时间节点	负责人

2. 确定主题定位

整个访谈节目要有一个中心思想和主题的落脚点。我们要清楚采访背后的深意是什么，采访的目的是什么，节目的受众是什么样的群体，这个群体的特点是什么。

节目的受众不同，访谈节目所呈现的主题定位就不同。比如用来为青年学子树立职业理想而设计的访谈节目，被采访的对象就要选择在某种职业领域有所建树的领军人物，使之成为节目受众的榜样，设计的采访提纲也要围绕职业理想、职业生涯、工匠精神展开。

3. 设计好访谈提纲

每个被访人物都有自己的特质和亮点，在策划访谈提纲的时候要重点挖掘、呈现这些特质和亮点，要设计出被访人物愿意回答并能深入回答的问题，展现出人物的精神追求，使节目的受众能够从中获得感动和启发。

4. 兼顾思想性和艺术性

要在有限的成本内，实现价值最大化。要在有限的时间和条件下，适度进行艺术表现，呈现出节目的思想性，同时顾及受众群体的感受，以达到最佳的节目效果。

5. 认真做好场景布置

场景，指拍摄地点与环境。场景也承载着对主题的表现。细节决定成败，通过整体环境、小环境和环境细节的表现，甚至一个道具的码放，都可以传达出节目的严谨细致。

2.2.2 拍摄执行方案的制定

项目策划方案制定好之后，就可以根据项目策划方案制定拍摄执行方案了。

1. 拍摄执行方案的内容与作用

（1）拍摄执行方案的内容主要包括：岗位设置及标准、场地情况示意图、拍摄工作流程及设备清单。

（2）拍摄执行方案的作用在于让项目组的每一位成员明确自己的岗位及职责，掌握项目的拍摄工作流程，使工作的推进清晰明了、责任明确，以利于项目的顺利完成，并在客户心目中树立起良好的形象与认同感。

2. 拍摄执行方案格式

拍摄执行方案可以用下面几组表格的形式呈现。

（1）岗位设置及标准，见表 2-3。

表 2-3 岗位设置及标准

序号	岗位	岗位人员	岗位职责及标准
1			
2			
3			
4			
5			

（2）手工绘制场地情况示意图，见表 2-4。

表 2-4 场地情况

置景图	光位图	机位图

（3）拍摄工作流程，见表 2-5。

表 2-5 拍摄工作流程

流程序号	工作内容	需要岗位	责任人
1			
2			
3			
4			

（4）器材清单，见表 2-6。

表 2-6 器材清单

序号	设备名称	品牌	规格／型号	数量

2.3 项目实施

学习目标

1.知识目标

（1）了解双人单机位访谈节目的画面构图。

（2）了解双人单机位访谈节目拍摄的岗位工作流程。

2.能力目标

（1）初步掌握镜头运动的画面稳定性。

（2）能使用不同的镜头运动方式拍摄人物，表达拍摄主题。

（3）掌握双人单机位访谈拍摄的工作流程。

（4）按照访谈节目制作的工作流程，由团队完成双人单机位访谈节目的拍摄。

3.素养目标

初步提升分析、思考的能力及严谨细致、一丝不苟的职业素养。

项目描述

本项目主题为"用镜头讲好中国故事，用行动践行工匠精神"系列访谈节目制作之《百年沧海今与昔——寻访身边的世纪老人》。

通过被访嘉宾讲述中国人民曾经经历过的苦难，旨在使观众切身体会：今天的幸福生活是几代人艰苦拼搏的结果。建设祖国，实现中华民族的伟大复兴是每一个中国人义不容辞的责任。历史不能倒退，国土被分割、人民被欺凌的日子一去不复返了。

2.3.1 项目策划

根据访谈主题、内容与规模，进行项目策划。

项目策划需要注意以下3个方面。

1.作品的思想性

如何通过访谈内容、访谈对象的选择等呈现作品的主题与内涵。

2. 作品的艺术性

如何通过画面影调、色彩、构图等艺术手法呈现作品的主题与内涵。

3. 作品的技术性

岗位设置与职责、项目执行流程与执行标准、团队组建。

小贴士

针对不同拍摄环境和主题，在岗位配置和总体环节构建上，应根据具体情况进行合理设计。

2.3.2　项目协调会

项目负责人组织团队成员召开项目协调会，以明确各自的岗位分工与职责、执行流程与标准。

小贴士

针对不同拍摄环境和主题，在岗位职责、项目执行流程与标准上，应根据具体情况进行合理设计。

2.3.3　项目执行

1. 准备环节

准备环节中，导演、置景师、摄像师、摄影助理、拾音师和灯光师等岗位人员通力合作，做好设备的领取和架设、拍摄场地及相关人员调度等准备工作。

（1）准备环节导演岗位职责及工作要领见表 2-7。

表 2-7　准备环节导演岗位职责及工作要领

岗位	岗位职责	工作要领
导演	①与访谈嘉宾沟通拍摄流程及注意事项。 ②现场工作人员的调度及工作内容监督检查。	①注意待人礼节与敬语的使用。 ②沟通时，信息传达要精准并使用专业术语。

导演与嘉宾沟通

（2）准备环节置景师岗位职责及工作要领见表2-8。

表2-8   准备环节置景师岗位职责及工作要领

岗位	岗位职责	工作要领
置景师	①按方案选景、领取道具。 ②按方案摆放道具。	①按照设备清单领取道具，并检查数量、规格型号。 ②道具轻拿轻放。

置景师摆放道具

（3）准备环节摄像师岗位职责及工作要领见表2-9。

表2-9   准备环节摄像师岗位职责及工作要领

岗位	岗位职责	工作要领
摄像师	①领取摄像机、电池、存储卡、三脚架。 ②架设三脚架并调节水平。 ③架设机器。	①按照器材清单领取器材，并检查器材的规格型号与完好性。 ②设备轻拿轻放。 ③注意机位及三脚架架设高度，避免镜头轴线非垂直及出现仰俯角。 ④检查三脚架水平仪，保证三脚架云台无倾斜。

三脚架架设

三脚架云台水平调节

（4）准备环节摄影助理岗位职责及工作要领见表 2-10。

表 2-10　准备环节摄影助理岗位职责及工作要领

岗位	岗位职责	工作要领
摄影助理	①领取监视器、高清线缆。 ②架设监视器，并使用高清线缆连接摄像机与监视器。 ③线缆连接无误后，打开监视器电源，按下与线缆接头一致的输入端按钮，并提示摄像师打开摄像机电源。	①按照器材清单领取器材，并检查器材的规格型号与完好性。 ②设备轻拿轻放。 ③线缆排列无交叉缠绕，并使用大力胶固定。 ④连接线缆接头时，需关闭所连接设备的电源，避免产生静电发生短路，造成设备接口或电路的损坏。 ⑤连接摄像设备一端的线缆需缠绕并悬挂于三脚架手柄上，并可用大力胶固定。 ⑥连接交流电源时，注意用电安全。

正确的线缆排列与固定

错误的线缆排列

架设监视器

续表

使用高清线缆连接监视器和摄像机

线缆在摄像机端的放置

（5）准备环节拾音师岗位职责及工作要领见表2-11。

表2-11   准备环节拾音师岗位职责及工作要领

岗位	岗位职责	工作要领
拾音师	①领取领夹式传声器，并检查频道及电量。 ②正确安装接收端于摄像机上。	①按照器材清单领取器材，并检查器材的规格型号与完好性。 ②设备轻拿轻放。 ③注意高清摄像机与相机的音频线缆使用不同的接头。

卡侬接口与3.5mm双芯插头

（6）准备环节灯光师岗位职责及工作要领见表 2–12。

表 2-12 准备环节灯光师岗位职责及工作要领

岗位	岗位职责	工作要领
灯光师	打开灯光操控台。	①检查棚内所有灯光是否正常。 ②注意用电安全。
	 灯光操控台	 检查灯具

2. 调试环节

调试环节中，导演、置景师、摄像师、摄影助理、拾音师和灯光师等岗位人员通力合作，做好设备参数设置及拍摄用光、画面构图等调试工作。

（1）调试环节导演岗位职责及工作要领见表 2–13。

表 2-13 调试环节导演岗位职责及工作要领

岗位	岗位职责	工作要领
导演	监视器前调度置景师、灯光师、摄像师、拾音师进行设备调试。	①调度指令清晰明确，并使用专业术语。 ②调度置景师：注意画面构图的美感。 ③调度灯光师： a. 全景画面，光线均匀。 b. 画面主体人物亮度不低于背景亮度（必要时，可使用测光表）。 c. 拍摄双人访谈，人物面部避免出现过重的阴影。 ④调度摄像师： a. 保证画面主体不失焦、虚焦。 b. 双人构图要对称；单人构图不居中；画面无"顶天""托底"现象。 c. 画面无偏色。 d. 画面中的 3 个影调（高光区、中间调、暗部）不丢失细节。 ⑤调度拾音师：能清晰监听到领夹式传声器拾取的音频信号，且无底噪和杂音。

续表

背景道具对画面美感的影响

全景画面，光线均匀　　　　　　　　　　　　人物面部无浓重阴影

按背景曝光，人物"欠曝"　　　　　　　　　　按人物曝光，背景"过曝"

（2）调试环节置景师岗位职责及工作要领见表 2–14。

表 2–14 调试环节置景师岗位职责及工作要领

岗位	岗位职责	工作要领
置景师	根据导演指令调整道具及入镜人物的坐姿等。	能领会导演指令，并迅速做出回应。
	注意细节——背景道具对构图美感的影响	

（3）调试环节摄像师岗位职责及工作要领见表 2–15。

表 2–15 调试环节摄像师岗位职责及工作要领

岗位	岗位职责	工作要领
摄像师	①与拾音师先行测试领夹式传声器拾音效果。②按照方案及导演指令，调试摄像机（对焦、构图、白平衡、曝光、拾音效果等）。	①熟练进行摄像设备的参数设置。②佩戴耳机，分别与拾音师一起测试拾音效果，与导演一起监听拾音效果。③能领会导演指令，并迅速做出回应。
	扫一扫，观看《摄像机的操控》教学视频	

（4）调试环节摄影助理岗位职责及工作要领见表 2-16。

表 2-16　调试环节摄影助理岗位职责及工作要领

岗位	岗位职责	工作要领
摄影助理	①检测音视频信号是否正常。 ②使用白板协助摄像师完成白平衡调整。	①信号不同步： a. 检查监视器输入端接口与设备菜单中的"输入选择"设置是否一致。 b. 检查摄像设备菜单中的"输出选择"设置是否正确。 c. 检查摄像设备输出接口连接是否正确。 d. 检查摄像设备输出接口是否正常。 e. 检查线缆是否正常。 ②白板的放置，应贴近出镜人物，并与其在同一高度，同一平面，以保证白平衡调试的准确。

扫一扫，观看《摄像设备与监视器连接的信号检测》教学视频

（5）调试环节拾音师岗位职责及工作要领见表 2-17。

表 2-17　调试环节拾音师岗位职责及工作要领

岗位	岗位职责	工作要领
拾音师	①与摄像师先行测试拾音效果。 ②协助出镜人物佩戴领夹式传声器。	①自行持领夹式传声器，与摄像师测试设备信号是否通畅，拾音是否清晰无底噪。 ②正确放置领夹式传声器，并协助摄像师、导演测试领夹式传声器是否出现与佩戴者因衣物和身体的摩擦产生的杂音。

扫一扫，观看《领夹式传声器的使用》教学视频

（6）调试环节灯光师岗位职责及工作要领见表2-18。

表 2-18　调试环节灯光师岗位职责及工作要领

岗位	岗位职责	工作要领
灯光师	按照方案，并根据导演指令调整灯光。	①全景画面，光线均匀。 ②画面主体人物亮度不低于背景亮度（必要时，可使用测光表）。 ③拍摄双人访谈，人物面部避免出现过重的阴影。 ④能领会导演指令，并迅速做出回应。 ⑤调节灯具时，注意人身和设备安全。

全景画面，光线均匀

人物面部无浓重阴影

按背景曝光，人物"欠曝"

按人物曝光，背景"过曝"

3. 拍摄环节

拍摄环节中，导演、置景师、摄像师、摄影助理、拾音师和灯光师等岗位人员通力合作，以保证拍摄工作的顺利进行，以及保障音视频素材采集的质量。

拍摄环节各岗位职责及工作要领见表2-19。

表 2-19　拍摄环节各岗位职责及工作要领

岗位	岗位职责	工作要领
导演	①发布指令，开始拍摄。 ②拍摄中，监看画面、监听拾音，并适当调度摄像师的运镜。 ③发布指令，结束拍摄。	指令下达清晰明确，并使用专业术语。
岗位	岗位职责	工作要领
摄像师	①按照方案完成访谈内容音视频素材的采集。 ②按导演指令完成运镜。	①注意运镜的稳定性。 ②运镜后，注意画面的构图。 ③能领会导演指令，并迅速做出回应。
置景师 摄影助理 拾音师 灯光师	场内待命。	分段拍摄时，摄影助理可兼做场记，协助记录分段文件号。

导演现场调度　　　　　　　摄像师现场采集音视频素材

运镜与构图示例：开场

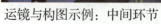

运镜与构图示例：中间环节

续表

运镜与构图示例：根据人物情绪的表达，可采用更小的构图凸显情绪，刻画人物

运镜与构图示例：结尾

扫一扫，观看《运动镜头》和《运动镜头的操作》教学视频

4. 收尾环节

收尾环节中，导演、置景师、摄像师、摄影助理、拾音师和灯光师等岗位人员通力合作，以保证素材安全、设施设备完好无缺失，并注意成本。

收尾环节各岗位职责及工作要领见表2-20。

表2-20　收尾环节各岗位职责及工作要领

岗位	岗位职责	工作要领
导演	①与出镜人物沟通交流。 ②下达"项目执行结束"指令。	①注意待人礼节与敬语的使用。 ②根据方案预设的作品效果判断是否需要"保一条"。
置景师	接收"项目执行结束"指令，收拾所负责道具及场地环境。	按照设备清单检查道具数量、规格型号无误后，归还库管。
摄像师	①接收"项目执行结束"指令，关机退卡。 ②收拾所负责器材及场地环境。	①与导演交接存储卡。 ②按照器材清单检查器材数量、规格型号无误后，归还库管。
摄影助理	接收"项目执行结束"指令，收拾所负责设备及场地环境。	①按照器材清单检查器材数量、规格型号无误后，归还库管。 ②若出现分段拍摄，与导演交接场记表。

续表

岗位	岗位职责	工作要领
拾音师	接收"项目执行结束"指令，收回领夹式传声器，并关闭电源。	按照器材清单检查领夹式传声器数量、规格型号无误后，关闭电源，退出电池，归还库管。
灯光师	①接收"项目执行结束"指令，将灯具复位。 ②保留场灯，关闭拍摄灯光。 ③关闭电箱电闸。	①灯具复位时，注意人身和设备安全。 ②具有节约电力资源的意识。

2.3.4 项目总结

（1）项目组成员观看拍摄素材回放。

（2）自评。

依据项目策划，按照作品的思想性、艺术性和技术性3个方面及预设拍摄效果，对项目执行现场做自我评价。

（3）互评与师评。

按照项目执行流程标准及项目执行技术标准进行评价。

（4）总结。

发现问题，找出问题产生的原因，寻求解决问题的方法与途径。

（5）各岗位完成实训手册的填写。

评价、总结时，可以参考"项目执行流程评价表"和"项目执行标准评价表"，见表2-21、表2-22。

表 2-21　项目执行流程评价表

【项目2：双人单机位访谈节目制作】项目执行流程评价表	项目组：	评价人：
岗位	岗位流程完成度（√代表完成）	问题及改进
导演	□①发布工作指令。 □②与嘉宾沟通拍摄流程及注意事项。 □③现场工作人员的调度及工作内容监督检查。 □④监视器前调度置景师、录音师、摄像师。 □⑤发布指令，开始拍摄。 □⑥拍摄中，监听拾音并适度调度机器运镜。 □⑦发布指令，结束拍摄。 是否合格：	

续表

岗位	岗位流程完成度（√代表完成）	问题及改进
置景师	□①按方案选景、领取道具。 □②按方案摆放道具。 □③根据导演指令调整道具及嘉宾坐姿等。 □④结束拍摄，收拾所负责道具及场地环境。 <div align="right">是否合格：</div>	
摄像师	□①领取摄像机、电池、存储卡、三脚架。 □②架设三脚架并调节水平。 □③架设机器，并打开电源。 □④按方案调试摄像机（对焦、构图、曝光、拾音效果等）。 □⑤按方案完成访谈内容音视频素材的采集。 □⑥按导演指令完成运镜。 □⑦结束拍摄，收拾所负责设备及场地环境。 <div align="right">是否合格：</div>	
摄影助理	□①领取监视器、高清线缆。 □②架设监视器，并连接摄像机。 □③检测音视频信号是否正常。 □④使用大力胶固定线缆。 □⑤使用白板协助摄像师完成白平衡调整。 □⑥结束拍摄，收拾所负责设备及场地环境。 <div align="right">是否合格：</div>	
拾音师	□①领取领夹式传声器，并检查频道及电量。 □②按方案放置发射端，并保证器材安全；正确安装接收端与摄像机。 □③测试拾音信号是否正常。 □拍摄时于监视器前监测拾音质量。 □结束拍摄，收回领夹式传声器，并关闭电源。 <div align="right">是否合格：</div>	
灯光师	□打开灯光操控台，检查灯具。 □调节光效及输出功率，控制光比。 □根据导演指令调整灯光（光效、输出功率等）。 □结束拍摄，收拾所负责设备及场地环境。 <div align="right">是否合格：</div>	

表 2-22 项目执行标准评价表

【项目2：双人单机位访谈节目制作】项目执行标准评价表 项目组： 评价人：		
岗位	岗位执行标准（√代表合格）	问题及改进
导演	□①指令准确清晰。 □②与嘉宾沟通时使用敬语及准确表达拍摄意图。 □③人员调度合理、及时，能发现问题并监督解决。 □④能用专业术语调度置景、灯光、摄像师对设施设备的操控。 □⑤发现拾音有问题时及时止损。 □⑥调度运镜合理。 <div align="right">是否合格：</div>	
置景师	□①场景、道具符合访谈主题。 □②道具摆放满足构图美感。 □③根据导演调整指令快速做出正确反应。 □④调整嘉宾坐姿时使用敬语及规范的专业术语和动作。 □⑤恢复场地及道具归还。 <div align="right">是否合格：</div>	
摄像师	□①设备领取与归还无缺失、损坏。 □②三脚架操控规范。 □③架设机器动作规范。 □④无失焦或虚焦，曝光合适（3个影调均有细节层次），画面稳定、无倾斜，色温正常。 □⑤镜头运动（推、拉、摇）稳定、合理。 □⑥落幅画面构图与方案设定基本一致。 <div align="right">是否合格：</div>	
摄影助理	□①设备领取与归还无缺失、损坏。 □②线缆接头操作规范并连接正确。 □③监视器信号正常。 □④线缆铺设无交叉，并使用大力胶固定（大力胶粘贴稳固、无浪费）。 □⑤白板摆放位置正确。 □⑥结束拍摄，按规范收拾线缆。 <div align="right">是否合格：</div>	
拾音师	□①正确安装领夹式传声器。 □②提前与摄像师或导演测试领夹式传声器，保证拾音正常。 □③拾音清晰，无噪声、杂音。 <div align="right">是否合格：</div>	
灯光师	□①灯光操控规范、无安全隐患。 □②光效符合设计方案，光比符合访谈节目用光要求。 □③根据导演调整指令，快速做出正确反应。 <div align="right">是否合格：</div>	

扫一扫

　　通过扫描二维码，我们可以获取双人单机位访谈节目拍摄项目的策划方案、执行流程标准与执行技术标准评价表等相关文本文档。

　　同学们可打印填写后装订成册，作为本项目的实训手册。

2.4　项目拓展

至此，我们完成了演播室内双人单机位访谈节目拍摄的项目实施。但并不是所有的拍摄都放置在演播室内进行。根据需要，有时我们也会进行外景拍摄，如图 2-23 所示。

图 2-23　室外现场环境拍摄

外景拍摄时，我们仍然可以采用自然光、环境光和人工光相结合的用光手法。

双人单机位拍摄时，我们需要注意以下三点：

1. 在一台摄像机中要拍摄到两个人物，为避免摄取的人物画面存在明暗的变化，或过大的明暗对比，选景时，尽量要让嘉宾和主持人处在亮度基本一致的光线下。

2. 由于镜头存在"推、拉、摇"相互组合的复合运动，摄像师需要控制好镜头运动的稳定性、变速的均匀及"落幅"时画面构图的准确性。

3. 运镜可以借鉴棚拍的运镜手法。

项目 3

单人双机位访谈节目制作

[3]

项目分析

　　本项目采用双机位＋单人（被访者）拍摄方式，岗位由导演＋摄像师＋摄影助理＋拾音师＋灯光师／置景师（根据拍摄现场光线及场地灵活设置）构成。这种拍摄方式适用于人物专访及人物类或人文类纪录片的拍摄。在纪录片《海上传奇》中大量使用了这种拍摄手法。

　　项目的顺利完成，需要团队成员理解访谈主题、熟悉岗位职责及工作流程，具备选景、用光、设备使用安全与正确操控及运镜稳定性与景别把控的能力。

3.1　画面的景别

1. 知识目标

（1）熟悉画面景别的概念及种类。

（2）熟悉每种景别的特点及作用。

（3）知道拍摄每种景别时的操作要领。

2. 能力目标

能够操控摄像机完成各种景别的拍摄并通过合适的镜头运动方式切换景别。

3. 素养目标

（1）能够在拍摄中根据需要选择适当的景别来表达人物情感。

（2）通过熟练运用景别表达节目思想内涵，更好地体现出节目的思想性。

（3）通过精心设计并准确使用不同的景别，养成精益求精的工作态度。

3.1.1　景别的概念及种类

1. 景别的概念

景别是指被摄主体在画面中呈现的范围。摄像机距离被摄主体的距离或者使用的焦距不同，造成被摄主体在画面中的大小不同，这样就形成了不同的景别。景别是进行画面构图，引导观者视线，决定画面重点及观众对画面内容接受程度的重要因素。

决定画面景别大小的因素有两个：一是摄像机和被摄主体之间的物理距离，距离和景别的关系是距离近则景别小，距离远则景别大。二是摄像机镜头的焦距长短，焦距和景别的关系是焦距长则景别小，焦距短则景别大。

2. 景别的种类

景别的种类可以根据被摄主体在画面中的大小划分，也可以根据人物在画面中占据的比例来划分。景别的划分是对被摄主体在画面中所占范围的综合描述，是一个相对的而非绝对的概念。

景别大致可以分为 5 种：远景、全景、中景、近景、特写。我们一般把靠近远景、全景这一端的景别称为"大景别"，把靠近近景、特写这一端的景别称为"小景别"，如图 3-1 所示。景别越大，画面的环境因素越多；景别越小，画面的强调效果越强。

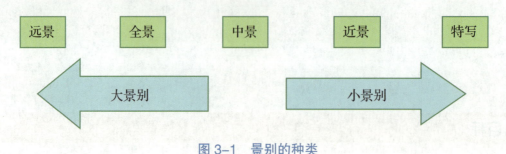

图 3-1　景别的种类

3.1.2　不同景别的特点及作用

1. 远景

远景是所有景别中视距最远、表现空间范围最大的一种景别。在远景中，人物在画幅中的大小不超过画幅高度的一半。远景通常用来表现广阔的空间或者开阔的场面。远景又可以分为大远景和远景两类。

（1）大远景。

大远景用来表现辽阔深远的背景和渺茫宏大的自然景观，其画面宏观、有气势，具有较强的抒情性，以景物空间为主要拍摄对象，人物仅仅是画面的点缀，如图 3-2 所示。在访谈节目中，用到大远景的情况比较少，因为访谈节目最主要的元素是人物，在大远景中人物不是重点。

图 3-2　大远景

（2）远景。

远景表现较为开阔的场面和环境空间，画面中人物的轮廓清晰可见，但是具体细节不清晰。远景中的被摄主体在画框中的比例相比大远景有所增大，但是通常不超过画幅高度的一半，如图 3-3 所示。

2. 全景

全景用来表现场景的全貌或人物的全身动作，画面中会保留一部分环境内容，这部分环境内容的作用是对被摄主体的造型进行补充或者作为衬托的背景，如图 3-4 所示。

全景画面表现的重点是被摄主体，但是场景的内容也不可缺少。全景画面不仅可以表现被摄主体的外部轮廓，还可以表现被摄主体在实际空间中的方位或者多个被摄主体之间的关系。全景是访谈节目中常用的景别。

图 3-3　远景

图 3-4　全景

3. 中景

中景是取被摄人物膝盖以上的部分或拍摄场景的局部作为画面内容。中景的特点是突出人物，通过中景画面观众既可以关注人物的形体动作，又可以关注人物的表情。中景画面表现的主要内容是被摄主体的形态和活动，而周围的环境是中景画面表现的次要内容，如图 3-5 所示。

中景是叙事功能最强的一种景别，观众的注意力主要集中在人物的上半身动作和人物与其他人或物体的交流上。中景画面可以展现出人物更多的细节，加强和突出了人物的形象，使观众可以看清楚被摄主体的身体形态，了解被摄主体的具体特征。中景是访谈节目中最常用到的景别，因为这种景别既可以表现人物的身体形态和肢体语言，又可以表现人物的面部表情，有利于表达人物的思想情感。

图 3-5　中景

4. 近景

近景是表现人物胸部以上或者景物局部特征的景别，如图 3-6 所示。在表现人物时，人物占据画面一半以上的画幅，人物的头部尤其是眼睛是画面的重点，因此近景可以用来细致表现人物的面部神态和情绪。在近景画面中，人物所在的环境空间因素被淡化。近景也是访谈节目中常用到的景别，因为近景画面可以表现人物的神态，有利于表达人物的情绪等细节要素，对传递节目的思想内涵是必要的。

5. 特写

特写是表现被摄主体某个局部细节的景别，如图 3-7 所示。特写镜头中被摄主体充满画面，观众能看清人物的面部表情。

特写的作用是突出被摄主体最有价值的细节，强化观众对所表现内容的印象，揭示事物本质，描绘人物的心理活动。因此，特写是需要表现人物的思想情感时最常用的景别，我们在访谈节目的拍摄过程中会经常使用。

图 3-6　近景

图 3-7　特写

3.1.3　拍摄不同景别的操作要领

1. 远景

拍摄远景画面，要注意画面的整体结构，突出空间感。可以选择伸向画面深处的景物线条来表现空间。在拍摄远景画面时要适当选择前景，用明显的大小对比来显示距离。在用光上可以利用逆光、侧逆光来丰富画面的影调层次。

2. 全景

拍摄全景画面时，应注意突出被摄主体的整体轮廓，保证被摄主体结构上的完整和构图的准确。在进行画面构图时，可以采用前景和背景来突出主体、体现出画面的空间感，也可以通过丰富画面内容，利用影调、色彩对比、线条等构图手段来突出被摄主体。

3. 中景

拍摄中景画面，应注意构图要准确，掌握好画面尺寸，将被摄主体始终安排在画面的结构中心位置。如果画面中的人物较多，要注意表现人物的透视关系和空间关系，抓取被摄主体的表情和动作，使人物形象饱满，画面富有变化。在拍摄一个完整的场景时，必须将镜头调度、拍摄角度和后期剪辑等因素结合起来进行构图，还要考虑与全景镜头的呼应，防止出现轴线混乱的情况。

4. 近景

拍摄近景画面，由于景深的范围小，特别是当被摄主体处于纵深运动或者光线的反差较低时，容易出现失焦的情况，所以要注意随时调焦，保证画面清晰。要避免背景杂乱，通过调整焦距使背景模糊，突出被摄主体。还要通过表现人物的表情、动作、神态、手势等，抓住人物的内心活动和情绪变化。

5. 特写

拍摄特写画面，构图要饱满，严格控制环境空间的范围。准确控制曝光量，对于过亮或者过暗的物体要用手动光圈调整曝光量。由于景深过小，更要注意对焦准确，把焦点放在最能够表现被摄主体特点的地方。还要注意的是，在一组镜头中，不要过多使用特写，否则会减弱被摄主体与环境空间的关系。

在拍摄访谈节目时，不管采用什么样的景别进行人物的拍摄，画面的边缘都不要与人物的脖子、肘部、腰部、膝盖、脚踝、手腕等部位重合，这种构图俗称"卡关节"，这样的构图方式会让人物看起来有残缺，缺乏美感。

关于镜头的景别可以扫码跟随视频来学习。

镜头的景别

3.2 单人双机位访谈节目拍摄策划方案

学习目标

1. 知识目标

（1）熟悉项目策划方案的组成部分及撰写格式。

（2）熟悉拍摄执行方案的组成部分及撰写格式。

（3）熟知单人双机位访谈节目制作过程中的工作岗位。

（4）熟知这些工作岗位具体的岗位职责和岗位工作标准。

2. 能力目标

（1）能够根据项目的主题及内容进行项目前期策划撰写策划方案。

（2）能够合理安排摄影机机位和布光，准确画出机位图和光位图。

（3）能够根据人员特点进行岗位分工，明确各岗位的职责及标准。

（4）能够详细撰写项目策划方案和拍摄执行方案作为节目制作过程的依据。

3. 素养目标

（1）提高工作效率，按照时间计划推进各项工作，保证按时完成工作任务。

（2）工作前全面考虑可能会出现的问题，工作后对问题进行总结反思，并提出相应的解决方案，积累经验教训，不断进步。

（3）小组成员之间能够积极沟通、共同协商、合理分工、团结合作，以集体利益为重，体现团队精神。

　　单人双机位访谈节目和双人单机位访谈节目制作的过程相比，多了一个机位，自然也就多了一个岗位，机位图、每个机位的拍摄景别、拍摄现场的调度与配合、后期成片的剪辑制作等都要变得复杂一些。所以，在进行正式拍摄前，一定要做好项目策划方案和拍摄执行方案的详细制定和撰写工作，并以此作为正式拍摄前彩排预演过程的依据，在彩排过程中发现方案中存在的问题，再对方案进行相应的修改和调整，保证正式拍摄录制工作一次顺利完成。因为真正的访谈节目很少有重新录制的机会，拍摄前的策划和准备工作就显得尤其重要。

3.2.1　项目策划方案的组成部分及撰写格式

1. 采访前的准备工作

做好采访前的准备工作非常重要，不仅要了解采访对象的背景、经历、兴趣、爱好等背景资料，还要了解客户的要求和需要，搞清楚采访的目的是什么。比如，为党政机关和学校做的宣传类访谈节目和出于商业目的的娱乐类访谈节目，它们的采访目的就大不相同，提前和客户沟通，了解并熟悉采访的目的，依据访谈目的和采访人物的背景做好采访的提纲，才能设计出能够体现节目精髓的好问题。

2. 项目策划方案

单人双机位访谈节目项目策划方案的内容与撰写格式见表 3-1。

表 3-1　《单人双机位访谈节目制作》项目策划方案

项目名称：　　　　　　　　　　　　　　工作团队

采访前准备	人物姓名	被采访人物背景资料	采访目的		采访提纲
项目策划	工作环节	工作内容	工作中可能会出现的问题预判及预案		完成工作的时间节点	负责人
			问题	预案		

在实际的工作过程中，可能会出现各种各样的问题，如场地的问题、人员的问题、设备的问题等。所以在制定项目策划方案时，一定要全面考虑工作中可能会出现的问题，在方案中写明问题的具体内容及如果问题产生有怎样的预备方案，以免问题出现时措手不及，影响项目的工作进度。

　　每一项工作都要有准确的时间节点和工作的负责人，明确工作完成的时间节点是高效率、高质量完成工作的保障。明确工作负责人也是为了工作能够顺利进行，一旦出现问题有人负责。访谈节目的制作需要的是一个团队的集体配合，既要有分工又要有合作，这种分工与合作不能是杂乱无章的，必须有统一的组织和协调，项目策划的一个重要作用就是做好组织和协调工作。要注意项目团队的配合与沟通的技巧。作为项目负责人，要熟知每一位团队成员的性格特点和工作优势。单人双机位访谈节目制作过程涉及导演、摄像师、灯光师、置景师、拾音师等多个岗位，每个团队成员能够胜任什么岗位、适合什么岗位，项目负责人要事先做好沟通和考量，做到心中有数。结合个人意愿合理分配岗位是顺利完成工作的前提。作为团队成员要做到以集体利益为重，个人服从集体，克服困难做好本职工作。

3.2.2　拍摄执行方案的组成部分及撰写格式

　　拍摄执行方案是后期彩排预演工作和现场拍摄工作的依据，主要包括以下内容：岗位设置及标准，见表 2-3；场地情况示意图，见表 2-4；拍摄工作流程，见表 2-5；器材清单表，见表 2-6。

3.2.3　单人双机位访谈节目制作的工作岗位及职责标准

　　单人双机位访谈节目制作的现场拍摄环节根据实际情况和需要可以分为导演、摄像师、拾音师、置景师、灯光师等岗位。

1. 导演

导演的岗位职责及工作标准见表 3-2。

表 3-2　导演岗位职责及工作标准

岗位职责	工作标准
①发布工作指令。 ②与嘉宾沟通拍摄流程及注意事项。 ③现场工作人员的调度及工作内容监督检查。 ④监视器前调度置景师师、拾音师、摄像师。 ⑤发布指令，开始拍摄。 ⑥拍摄中，监听拾音并适度调度机器运镜。 ⑦发布指令，结束拍摄。	①指令准确清晰。 ②与嘉宾沟通时的敬语及准确表达拍摄意图。 ③人员调度合理、及时，能发现问题并监督解决。 ④能用专业术语调度置景师、灯光师、摄像师对设施设备的操控。 ⑤发现拾音有问题时及时止损。 ⑥调度运镜合理。

2. 摄像师

摄像师的岗位职责及工作标准见表 3-3。

表 3-3　摄像师岗位职责及工作标准

岗位职责	工作标准
①领取摄像机、电池、存储卡、三脚架、监视器、高清线。 ②架设三脚架并调节水平。 ③架设监视器，并连接摄像机。 ④使用大力胶固定线缆。 ⑤架设机器，并打开电源，检测音视频信号是否正常。 ⑥按方案调试摄像机（白平衡、对焦、构图、曝光、拾音效果等）。 ⑦按方案完成访谈内容音视频素材的采集。 ⑧运动镜头的摄影师按导演指令完成运镜。 ⑨固定镜头的摄影师一镜到底记录访谈过程。 ⑩结束拍摄，收拾所负责设备及场地环境。	①设备领取/归还无缺失、损坏。 ②三脚架操控规范。 ③架设机器、线缆接头操作规范并连接正确。 ④线缆铺设无交叉，大力胶粘贴稳固、无浪费。 ⑤监视器信号正常。 ⑥无失焦或虚焦，曝光合适（3 个影调均有细节层次），画面稳定、无倾斜，色温正常。 ⑦镜头运动（推、拉、摇）稳定、合理。 ⑧落幅画面构图与方案设定基本一致。 ⑨结束拍摄，按规范收拾线缆和设备，归还器材。

3. 拾音师

拾音师的岗位职责及工作标准见表 3-4。

表 3-4　拾音师岗位职责及工作标准

岗位职责	工作标准
①领取领夹式传声器，并检查频道及电量。 ②按方案放置发射端，并保证器材安全；正确安装接收端与摄像机。 ③测试拾音信号是否正常。 ④拍摄时于监视器前监测拾音质量。 ⑤结束拍摄，收回领夹式传声器，并关闭电源。	①正确安装领夹式传声器。 ②提前与摄像师或导演测试领夹式传声器，保证拾音正常。 ③拾音清晰，无噪声、杂音。 ④结束拍摄，按规范收拾归还器材。

4. 置景师

置景师的岗位职责及工作标准见表 3-5。

表 3-5　置景师岗位职责及工作标准

岗位职责	工作标准
①按方案选景、领取道具。 ②按方案摆放道具。 ③根据导演指令调整道具及嘉宾坐姿等。 ④为嘉宾做视线定位。 ⑤结束拍摄，收拾所负责道具及场地环境。	①场景、道具符合访谈主题。 ②道具摆放满足构图美感。 ③根据导演调整指令快速做出正确反应。 ④调整嘉宾坐姿时使用敬语及规范的专业术语和动作。 ⑤定位高度与嘉宾坐下的高度基本一致。 ⑥恢复场地及道具归还。

5. 灯光师

灯光师的岗位职责及工作标准见表 3-6。

表 3-6　灯光师岗位职责及工作标准

岗位职责	工作标准
①领取灯光器材、插排。 ②按方案架设灯光。 ③调节光效及输出功率，控制光比。 ④使用大力胶固定线缆。 ⑤根据导演指令调整灯光（光效、输出功率等） ⑥结束拍摄，收拾所负责设备及场地环境。	①设备领取和归还无缺失、损坏。 ②插排摆放位置无安全隐患；线缆铺设无交叉，并使用大力胶固定（大力胶粘贴稳固、无浪费）。 ③灯光操控规范、无安全隐患。 ④光效符合设计方案，光比符合访谈节目用光要求。 ⑤根据导演调整指令快速做出正确反应。 ⑥结束拍摄，按规范收拾线缆，归还器材。

3.3 项目实施

项目描述

本项目主题为"用镜头讲好中国故事，用行动践行工匠精神"系列访谈节目制作之《苍松劲品育桃李——寻访 ×× 职高退休教师》。

通过被访嘉宾讲述 ×× 职高成立 ×× 年来伴随中国改革开放的发展壮大。目的是让观众了解学校的历史，了解改革开放 40 年来为国家建设培养的人才以及一代代职教人是如何用自己辛勤的劳动铸造"品如松、劲有为"的工匠精神。

3.3.1 项目策划

根据访谈主题、内容与规模，进行项目策划。

项目策划需要注意以下 3 个方面。

1. 作品的思想性

如何通过访谈内容、访谈对象的选择等呈现作品的主题与内涵。

2. 作品的艺术性

如何通过画面影调、色彩、构图等艺术手法呈现作品的主题与内涵。

3. 作品的技术性

岗位设置与职责、项目执行流程与执行标准、团队组建。

 **小贴士**

针对不同拍摄环境和主题，在岗位配置和总体环节构建上，应根据具体情况进行合理设计。

3.3.2　项目协调会

项目负责人组织团队成员召开项目协调会，以明确各自的岗位分工与职责、执行流程与标准。

 **小贴士**

针对不同拍摄环境和主题，在岗位职责、项目执行流程与标准上，应根据具体情况进行合理设计。

3.3.3　项目执行

1. 准备环节

准备环节中，导演、置景师、摄像师、摄影助理、拾音师和灯光师等岗位人员通力合作，做好设备的领取和架设、拍摄场地及相关人员调度等准备工作。

（1）准备环节导演岗位职责及工作要领见表3-7。

表3-7　准备环节导演岗位职责及工作要领

岗位	岗位职责	工作要领
导演	①与访谈嘉宾沟通拍摄流程及注意事项。 ②现场工作人员的调度及工作内容监督检查。	①注意待人礼节与敬语的使用。 ②沟通时，信息传达要精准并使用专业术语。

导演与嘉宾沟通

（2）准备环节置景师岗位职责及工作要领见表3-8。

表 3-8 准备环节置景师岗位职责及工作要领

岗位	岗位职责	工作要领
置景师	①按方案选景、领取道具。 ②按方案摆放道具。	①按照设备清单领取道具，并检查数量、规格型号。 ②道具轻拿轻放。

置景师摆放道具

（3）准备环节摄像师岗位职责及工作要领见表3-9。

表 3-9 准备环节摄像师岗位职责及工作要领

岗位	岗位职责	工作要领
摄像师	①领取摄像机、电池、存储卡、三脚架。 ②架设三脚架并调节水平。 ③架设机器。	①按照器材清单领取器材，并检查器材的规格型号与完好性。 ②设备轻拿轻放。 ③注意机位及三脚架架设高度，避免镜头轴线非垂直及出现仰俯角。 ④检查三脚架水平仪，保证三脚架云台无倾斜。

三脚架架设

三脚架云台水平调节

（4）准备环节摄影助理岗位职责及工作要领见表3-10。

表3-10　准备环节摄影助理岗位职责及工作要领

岗位	岗位职责	工作要领
摄影助理	①领取监视器、高清线缆。 ②架设监视器，并使用高清线缆连接摄像机与监视器。 ③线缆连接无误后，打开监视器电源，按下与线缆接头一致的输入端按钮，并提示摄像师打开摄像机电源。	①按照器材清单领取器材，并检查器材的规格型号与完好性。 ②设备轻拿轻放。 ③线缆排列无交叉缠绕，并使用大力胶固定。 ④连接线缆接头时，需关闭所连接设备的电源，避免产生静电发生短路，造成设备接口或电路的损坏。 ⑤连接摄像设备一端的线缆需缠绕并悬挂于三脚架手柄上，并可用大力胶固定。 ⑥连接交流电源时，注意用电安全。

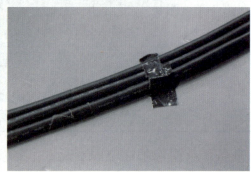

正确的线缆排列与固定

错误的线缆排列

架设监视器

使用高清线缆连接监视器和摄像机

线缆在摄像机端的放置

（5）准备环节拾音师岗位职责及工作要领见表 3-11。

表 3-11　准备环节拾音师岗位职责及工作要领

岗位	岗位职责	工作要领
拾音师	①领取领夹式传声器，并检查频道及电量。 ②正确安装接收端于摄像机上。	①按照器材清单领取器材，并检查器材的规格型号与完好性。 ②设备轻拿轻放。 ③注意高清摄像机与相机的音频线缆使用不同的接头。

卡侬接口与 3.5mm 双芯插头

（6）准备环节灯光师岗位职责及工作要领见表 3-12。

表 3-12　准备环节灯光师岗位职责及工作要领

岗位	岗位职责	工作要领
灯光师	打开灯光操控台。	①检查棚内所有灯光是否正常。 ②注意用电安全。

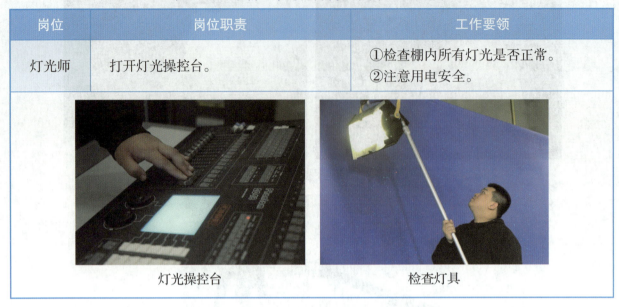

灯光操控台　　　　　　　　检查灯具

2. 调试环节

调试环节中，导演、置景师、摄像师、摄影助理、拾音师和灯光师等岗位人员通力合作，做好设备参数设置及拍摄用光、画面构图等调试工作。

（1）调试环节导演岗位职责及工作要领见表 3-13。

表 3-13　调试环节导演岗位职责及工作要领

岗位	岗位职责	工作要领
导演	监视器前调度置景师、灯光师、摄像师、拾音师进行设备调试。	①调度指令清晰明确，并使用专业术语。 ②调度置景师：注意画面构图的美感。 ③调度灯光师： a. 全景画面，光线均匀。 b. 画面主体人物亮度不低于背景亮度（必要时，可使用测光表）。 c. 拍摄双人访谈，人物面部避免出现过重的阴影。 ④调度摄像师： a. 保证画面主体不失焦、虚焦。 b. 双人构图要对称，单人构图不居中，画面无"顶天""托底"现象。 c. 画面无偏色。 d. 画面中的 3 个影调（高光区、中间调、暗部）不丢失细节。 ⑤调度拾音师：能清晰监听到领夹式传声器拾取的音频信号，且无底噪和杂音。

续表

背景道具对画面美感的影响

人物面部阴影过重　　　　　　　　　　　人物面部无浓重阴影

按背景曝光，人物"欠曝"　　　　　　　　按人物曝光，背景"过曝"

（2）调试环节置景师岗位职责及工作要领见表 3-14。

表 3-14　调试环节置景师岗位职责及工作要领

岗位	岗位职责	工作要领
置景师	根据导演指令调整道具及入镜人物的坐姿等。	能领会导演指令，并迅速做出回应。

注意细节——背景道具对构图美感的影响

（3）调试环节摄像师岗位职责及工作要领见表3-15。

表 3-15　调试环节摄像师岗位职责及工作要领

岗位	岗位职责	工作要领
摄像师	①与拾音师先行测试领夹式传声器拾音效果。 ②按照方案及导演指令，调试摄像机（对焦、构图、白平衡、曝光、拾音效果等）。	①熟练进行摄像设备的参数设置。 ②佩戴耳机，分别与拾音师一起测试拾音效果，与导演一起监听拾音效果。 ③能领会导演指令，并迅速做出回应。

扫一扫，观看《摄像机的操控》教学视频

（4）调试环节摄影助理岗位职责及工作要领见表3-16。

表 3-16　调试环节摄影助理岗位职责及工作要领

岗位	岗位职责	工作要领
摄影助理	①检测音视频信号是否正常。 ②使用白板协助摄像师完成白平衡调整。	①信号不同步： a.检查监视器输入端接口与设备菜单中的"输入选择"设置是否一致。 b.检查摄像设备菜单中的"输出选择"设置是否正确。 c.检查摄像设备输出接口连接是否正确。 d.检查摄像设备输出接口是否正常。 e.检查线缆是否正常。 ②白板的放置，应贴近出镜人物，并与其在同一高度、同一平面，以保证白平衡调试的准确。

扫一扫，观看《摄像设备与监视器连接的信号检测》教学视频

（5）调试环节拾音师岗位职责及工作要领见表 3-17。

表 3-17　调试环节拾音师岗位职责及工作要领

岗位	岗位职责	工作要领
拾音师	①与摄像师先行测试拾音效果。 ②协助出镜人物佩戴领夹式传声器。	①自行持领夹式传声器，与摄像师测试设备信号是否通畅，拾音是否清晰无底噪。 ②正确放置领夹式传声器，并协助摄像师、导演测试领夹式传声器是否出现与佩戴者因衣物和身体的摩擦产生的杂音。

扫一扫，观看《领夹式传声器的使用》教学视频

（6）调试环节灯光师岗位职责及工作要领见表 3-18。

表 3-18　调试环节灯光师岗位职责及工作要领

岗位	岗位职责	工作要领
灯光师	按照方案，并根据导演指令调整灯光。	①画面主体人物亮度不低于背景亮度（必要时，可使用测光表）。 ②人物面部避免出现过重的阴影。 ③能领会导演指令，并迅速做出回应。 ④调节灯具时，注意人身和设备安全。

按背景曝光，人物"欠曝"

按人物曝光，背景"过曝"

人物面部阴影过重

人物面部阴影适中

3. 拍摄环节

拍摄环节中，导演、置景师、摄像师、摄影助理、拾音师和灯光师等岗位人员通力合作，以保证拍摄工作的顺利进行，以及保障音视频素材采集的质量。

拍摄环节各岗位职责及工作要领见表 3-19。

表 3-19　拍摄环节各岗位职责及工作要领

岗位	岗位职责	工作要领
导演	①发布指令，开始拍摄。 ②拍摄中，监看画面、监听拾音，并适当调度摄像师的运镜。 ③发布指令，结束拍摄。	指令下达清晰明确，并使用专业术语。
摄像师	①按照方案完成访谈内容音视频素材的采集。 ②按导演指令完成运镜。	①注意运镜的稳定性。 ②运镜后，注意画面的构图。 ③能领会导演指令，并迅速做出回应。
置景师 摄影助理 拾音师 灯光师	场内待命。	分段拍摄时，摄影助理可兼做场记，协助记录分段文件号。

A机位与B机位景别

根据人物情绪的表达，可采用更小的景别凸显情绪，刻画人物

扫一扫，观看《镜头的景别》教学视频

4. 收尾环节

收尾环节中，导演、置景师、摄像师、摄影助理、拾音师和灯光师等岗位人员通力合作，以保证素材安全、设施设备完好无缺失，并注意成本。

收尾环节各岗位职责及工作要领见表 3-20。

表 3-20　收尾环节各岗位职责及工作要领

岗位	岗位职责	工作要领
导演	①与出镜人物沟通交流。 ②下达"项目执行结束"指令。	①注意待人礼节与敬语的使用。 ②根据方案预设的作品效果判断是否需要"保一条"。
置景师	接收"项目执行结束"指令，收拾所负责道具及场地环境。	按照设备清单检查道具数量、规格型号无误后，归还库管。
摄像师	①接收"项目执行结束"指令，关机退卡。 ②收拾所负责器材及场地环境。	①与导演交接存储卡。 ②按照器材清单检查器材数量、规格型号无误后，归还库管。
摄影助理	接收"项目执行结束"指令，收拾所负责设备及场地环境。	①按照器材清单检查器材数量、规格型号无误后，归还库管。 ②若出现分段拍摄，与导演交接场记表。
拾音师	接收"项目执行结束"指令，收回领夹式传声器，并关闭电源。	按照器材清单检查领夹式传声器数量、规格型号无误后，关闭电源，退出电池，归还库管。
灯光师	①接收"项目执行结束"指令，将灯具复位。 ②保留场灯，关闭拍摄灯光。 ③关闭电箱电闸。	①灯具复位时，注意人身和设备安全。 ②具有节约电力资源的意识。

3.3.4　项目总结

（1）项目组成员观看拍摄素材回放。

（2）自评。

依据项目策划，按照作品的思想性、艺术性和技术性 3 个方面及预设拍摄效果，对项目执行现场做自我评价。

（3）互评与师评。

按照项目执行流程标准及项目执行技术标准进行评价。

（4）总结。

发现问题，找出问题产生的原因，寻求解决问题的方法与途径。

（5）各岗位完成实训手册的填写。

评价、总结时，可以参考"项目执行流程评价表"和"项目执行标准评价表"，见表3–21、表3–22。

表 3–21　项目执行流程评价表

【项目3：单人双机位访谈节目制作】项目执行流程评价表 项目组：　　评价人：		
岗位	岗位流程完成度（√代表完成）	问题及改进
导演	□①发布工作指令。 □②与嘉宾沟通拍摄流程及注意事项。 □③现场工作人员的调度及工作内容监督检查。 □④监视器前调度置景师、灯光师、摄像师。 □⑤发布指令，开始拍摄。 □⑥拍摄中，监听拾音并适当调度摄像师运镜，调整构图与景别。 □⑦发布指令，结束拍摄。 　　　　　　　　　　是否合格：	
置景师	□①按方案选景、领取道具。 □②按方案摆放道具。 □③根据导演指令调整道具及嘉宾坐姿等。 □④为嘉宾做视线定位。 □⑤结束拍摄，收拾所负责道具及场地环境。 　　　　　　　　　　是否合格：	
摄像师	□①领取摄像机、电池、存储卡、三脚架。 □②架设三脚架并调节水平。 □③架设机器，并打开电源。 □④按方案调试摄像机（对焦、构图、曝光、景别、白平衡、拾音效果等）。 □⑤按方案完成访谈内容音视频素材的采集。 □⑥结束拍摄，收拾所负责设备及场地环境。 　　　　　　　　　　是否合格：	
摄影助理	□①领取监视器、高清线缆。 □②架设监视器，并连接摄像机。 □③检测音视频信号是否正常。 □④使用大力胶固定线缆。 □⑤使用白板协助摄像师完成白平衡调整。 □⑥结束拍摄，收拾所负责设备及场地环境。 　　　　　　　　　　是否合格：	

续表

岗位	岗位流程完成度（√代表完成）	问题及改进
拾音师	□①领取领夹式传声器，并检查频道及电量。 □②按方案放置发射端，并保证器材安全；正确安装接收端于摄像机。 □③测试拾音信号是否正常。 □④拍摄时于监视器前监测拾音质量。 □⑤结束拍摄，收回领夹式传声器，并关闭电源。 是否合格：	
灯光师	□①领取灯光器材、插排。 □②按方案架设灯光。 □③调节光效及输出功率，控制光比。 □④根据导演指令调整灯光（光效、输出功率等）。 □⑤结束拍摄，收拾所负责设备及场地环境。 是否合格：	

表 3-22　项目执行标准评价表

【项目 3：单人双机位访谈节目制作】项目执行标准评价表　　　项目组：　　　评价人：		
岗位	岗位执行标准（√代表合格）	问题及改进
导演	□①指令准确清晰。 □②与嘉宾沟通时使用敬语及准确表达拍摄意图。 □③人员调度合理、及时，能发现问题并监督解决。 □④能用专业术语调度置景师、灯光师、摄像师对设施设备的操控。 □⑤发现拾音有问题时及时止损。 □⑥调度摄像师调整构图、景别合理。 是否合格：	
置景师	□①场景、道具符合访谈主题。 □②道具摆放满足构图美感。 □③根据导演调整指令快速做出正确反应。 □④调整嘉宾坐姿时使用敬语及规范的专业术语和动作。 □⑤定位高度与嘉宾坐高基本一致。 □⑥恢复场地及道具归还。 是否合格：	
摄像师 A 摄像师 B	□①设备领取与归还无缺失、损坏。 □②三脚架操控规范。 □③架设机器动作规范。 □④无失焦、虚焦，曝光合适（3 个影调均有细节层次），画面稳定、无倾斜，色温正常。 □⑤镜头运动（推、拉、摇）稳定、合理。 □⑥嘉宾景别符合方案设计，构图合理，无"卡关节"现象。 是否合格：	

续表

岗位	岗位执行标准（√代表合格）	问题及改进
摄影助理	□①设备领取与归还无缺失、损坏。 □②线缆接头操作规范并连接正确。 □③监视器信号正常。 □④线缆铺设无交叉，并使用大力胶固定（大力胶粘贴稳固、无浪费）。 □⑤白板摆放位置正确。 □⑥结束拍摄，按规范收拾线缆。 <div align="right">是否合格：</div>	
拾音师	□①正确安装领夹式传声器。 □②提前与摄像师或导演测试领夹式传声器，保证拾音正常。 □③拾音清晰，无噪声、杂音。 <div align="right">是否合格：</div>	
灯光师	□①设备领取与归还无缺失、损坏。 □②插排摆放位置无安全隐患；线缆铺设无交叉，并使用大力胶固定（大力胶粘贴稳固、无浪费）。 □③灯光操控规范、无安全隐患。 □④光效符合设计方案，光比符合访谈节目用光要求。 □⑤根据导演调整指令，快速做出正确反应。 □⑥结束拍摄，按规范收拾线缆。 <div align="right">是否合格：</div>	

扫一扫

通过扫描二维码，我们可以获取单人双机位访谈节目制作项目的策划方案、执行流程标准与执行技术标准评价表等相关文本文档。

同学们可打印填写后装订成册，作为本项目的实训手册。

3.4　项目拓展

3.4.1　外景拍摄

至此，我们完成了演播室内单人双机位访谈节目制作的项目实施。但并不是所有的拍摄都放置在演播室内进行。根据需要，有时我们也会进行外景拍摄。

外景拍摄时，我们仍然可以采用自然光、环境光和人工光相结合的用光手法。图 3-8 所示为以环境为主，辅以自然光的外景拍摄。

图 3-8　以环境光为主，辅以自然光的外景拍摄

3.4.2　后期剪辑

1. 素材整理归档

按照规范建立文件夹结构，并分别命名。

（1）文件夹结构。

文件夹结构，也可称为分级目录结构。建立分级目录结构，体现了素材管理的清晰明了与工作的条理性，方便后期剪辑时素材的查询与调用，如图 3-9 所示。

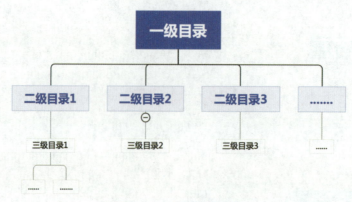

图 3-9   分级目录结构

（2）文件夹命名。

分级文件夹的命名方式可以有多种，但为了文件管理的规范化，和后续文件的查找检索，我们可以采用如下的命名法则，见表 3-23。

表 3-23   分级文件夹命名法则

层级	命名法则	示例
一级	拍摄日期（阿拉伯数字呈现，月、日小于 10 的数字前方加 0；年、月、日之间用"."分隔）– 作品全称 – 客户名称	2022.09.30–《苍松劲品育桃李——寻访××职高退休教师》–校党务办公室
二级	按文件夹存储内容类型命名	素材、工程、成片
三级		视频、图片、文本、音频等
四级及四级以下	更为细化的存储内容命名	备用视频、选用视频、配乐、配音等

2. 剪辑要领

本次拍摄使用两个机位，我们得到的是两台设备拍摄的素材。把两条素材导入编辑软件后，注意以下剪辑要领。

首先，要进行音频对轨，使两条视频在后续的双机位剪辑中，能做到音画同步。

其次，如果我们使用 Premiere 剪辑软件，可利用"嵌套"功能；若使用 EDIUS 剪辑软件，可利用"多机位剪辑"功能，从而很容易地实现两个机位素材的"跳剪"。

最后，机位画面的选择，即嘉宾景别的不同，可根据嘉宾的话语进行大小景别画面的选择。此时，我们可以参考本项目开篇学习的不同景别的视觉表现涵义。当然，有时候，机位画面的选择可能是因为一个机位的拍摄画面出现问题（虚焦、构图失衡、画面抖动等）而不得已为之。

剪辑时，如何选择剪辑点呢？通常，我们要关注的是话语中的"气口"，避免在重音处做剪辑点。

项目 4

双人双机位访谈节目制作

 项目分析

　　本项目采用双机位＋双人（主持人＋被访者）拍摄方式，岗位由导演＋摄像师＋摄影助理＋拾音师／灯光师／置景师（根据拍摄现场光线及场地灵活设置）构成。这种拍摄方式适用于录制时长较短的小型话题讨论与对话类节目的拍摄。

　　项目的顺利完成，需要团队成员理解访谈主题、熟悉岗位职责及工作流程，具备选景、用光、设备使用安全与正确操控及运镜稳定性与景别把控的能力。

4.1 双人双机位访谈节目拍摄策划方案与执行方案

学习目标

1. 知识目标

（1）熟悉双人双机位访谈节目制作过程中有哪些工作岗位。

（2）熟悉每个岗位具体的岗位职责和工作标准。

2. 能力目标

（1）能够熟练地进行双人双机位访谈节目的前期策划，详细撰写策划方案。

（2）能够根据场地特点快速熟练地置景，安排摄影机机位，确定每台摄影机的拍摄范围和拍摄景别，准确画出置景图、机位图和光位图。

（3）能够快速合理地进行岗位分工，制定各岗位具体的职责及工作标准。

（4）能够在拍摄执行方案中详细说明拍摄工作流程及每项工作涉及的岗位。

3. 素养目标

（1）提高工作效率，按照时间计划推进各项工作，保证按时完成工作任务。

（2）能够在工作中发现问题、解决问题，不断修改完善项目策划方案和拍摄执行方案，践行一丝不苟、精益求精的工匠精神。

　　和单人双机位访谈节目制作的过程一样，在进行双人双机位访谈节目的正式拍摄前，也要做好项目策划方案和拍摄执行方案的制定和撰写工作，具体的内容和格式要求见 3.2 节所述单人双机位访谈节目拍摄策划方案。

　　比单人双机位访谈节目复杂的是，双人双机位访谈节目要拍摄两个人，多了一个主持人的角色，而且主持人要在节目中出镜。主持人是和被采访嘉宾接触最密切的，也是决定访谈节目的现场录制是否一次成功的关键人物。主持人不仅要做好前期的文案工作，了解被采访嘉宾的背景、经历，还要撰写主持稿，因势利导、随机应变地处理拍摄现场的各种突发状况。作为主持人要自信、稳重、善解人意、遇事不慌，有良好的个人形象、道德情操和心理素质，能够引导采访按照预期的效果进行，保证节目的思想正确，最终达到访谈目的，满足客户要求。访谈节目的制作成功对主持人的形象仪态、文学功底、智商情商、思想水平等都有很高的要求，一个经验丰富的主持人是访谈节目制作成功的关键因素。

作为一名在校学生，在我们校园访谈节目制作阶段，主持人要履行的岗位职责及岗位标准见表4-1。

表4-1　主持人岗位职责及岗位标准

岗位职责	岗位标准
①根据节目的思想性撰写主持稿。 ②提前与采访嘉宾沟通，确定采访问题。 ③现场接待采访嘉宾。 ④为嘉宾佩戴拾音设备。 ⑤配合摄像师、灯光师、置景师等岗位人员完成拍摄前的准备工作。 ⑥熟悉整个采访过程，处理采访现场的突发状况，按计划完成采访工作。	①主持稿有思想内涵，能够体现访谈的主题精神。 ②有效沟通，采访的问题有水准，能得到嘉宾配合。 ③接待嘉宾热情自然、周到、细致。 ④佩戴拾音设备操作熟练规范正确，保证拾音效果。 ⑤拍摄前的准备工作细致全面，迅速到位。 ⑥把控现场采访的节奏，有条不紊地处理各种突发状况，保证做到采访过程中不冷场，顺利完成采访任务。

在真正进行现场采访之前，要做好访谈节目的录制彩排工作，发现拍摄执行方案中存在的问题并改正，保证现场录制阶段的工作一次成功。彩排工作的依据是拍摄执行方案。在根据访谈节目的项目策划案撰写拍摄执行方案的时候，要把拍摄的工作流程以及涉及的岗位人员通过表格的形式呈现出来，并把在彩排过程中发现的问题或者不合理的地方都记录下来，不断积累经验。拍摄工作流程表的形式见表4-2。

表4-2　拍摄工作流程表

步骤	工作内容	涉及人员	完成情况	存在的问题	改进措施

工作岗位越多，涉及的人员就越多，工作内容就越复杂，人员之间的配合、岗位之间的协调、时间的把控、工作效果的检查就显得尤为重要。在正式开始拍摄前，要仔细认真地考虑和写明每一个工作步骤，团队的所有成员按照这个表格各就各位、各司其职完成本岗位的工作，同时作为项目负责人要对每一步工作过程中存在的问题给予记录，在项目复盘总结时给出改进措施和解决方案。这样做的目的是不断积累工作经验，反思工作中存在的问题以及问题产生的原因，总结前车之鉴，保证今后的工作中不再发生类似的问题。

4.2　镜头的运动与景别

4.2.1　复合镜头运动

　　除了推、拉、摇、移、跟 5 种常见的镜头运动方式以外，在实际拍摄过程中，复合镜头运动方式也很常见。所谓复合镜头运动，是指在一个镜头中，将推、拉、摇、移、跟等镜头的运动方式综合在一起运用。

　　为什么要采用复合镜头的运动方式呢，我们通过一个例子说明：

　　当被拍摄的两个人物大小高矮不同时，如果使用水平方向"摇"的镜头运动方式进行运镜，画面在构图上会出现人物"托底""顶天"的问题，在景别上也会出现"卡边"的问题，要解决这样的问题，可以用一个双人全景画面作为过渡。具体操作如下：首先运用"拉摇"的镜头运动方式将画面景别从一个人物的中景或特写过渡到双人全景；再运用"推摇"的镜头运动方式将画面过渡到另一个人物的中景或者特写。这种"拉摇"和"推摇"的镜头运动方式就是复合镜头运动。

4.2.2　复合镜头运动的特点和作用

复合镜头运动方式可以实现多角度、多构图、多景别的画面效果。复合镜头的视点更自由、信息更丰富、镜头的表现力更强。复合镜头运动方式的作用有以下几点。

1. 全面性

采用复合镜头运动有利于在一个镜头中全面记录和表现一个场景或者一段完整的情节。复合镜头运动方式在一个镜头中至少存在两个运动方向，把各种镜头运动方式根据某种需要有机结合起来，通过一镜到底的方式形成一个连续性的变化，给观者一气呵成的感觉。

2. 表现性

复合镜头运动方式的转变会使画面形成一个新的角度或景别，这样就构成了对被摄主体多层次、多方位、立体化的表现，形成具有韵律和节奏的表现形式，比单一的镜头运动方式更全面体现场景的变化，更富有寓意，能引起观众更多的视觉注意，让观众得到更好的审美体验。

3. 真实性

在复合镜头运动过程中，画面在时间和空间上的表现是连贯、完整的，保证了事件变化的真实性，类似于我们用肉眼观察事物的效果，所以相比单一的镜头运动方式，更能再现我们生活中真实的视觉体验和感受。

4. 传达性

采用复合镜头运动方式，在一个连续不断的时间里，将人、事、情节和动作在几个空间平面上延伸展开，使得画面内部的构成更丰富，加大了一个镜头的表现容量，丰富了镜头的表现含义，使观众更好地理解画面所要传达的寓意。

5. 韵律与节奏

复合镜头运动方式将多种运动方式有机结合起来，不间断拍摄做到一镜到底，能够在一个镜头中包含一段完整的音乐，不会因为画面的分段和场景的变化破坏音频效果的整体性和韵律美。同时，当一个镜头内的多种运动方式所形成的节奏和韵律与音乐韵律与节拍相互同步，会形成音画同频，强化画面的韵律和节奏感。

4.2.3　拍摄复合运动镜头时的注意事项

1. 保持动作平稳

采用复合镜头运动方式，摄像机在运动过程中要始终保持平稳。为了保证画面稳定，最好使用三脚架或者稳定器进行拍摄。同时还要注意控制变焦按钮和变焦环的力度与速度，保证画面不同景别之间的匀速平稳过渡。

2.保持方向一致

复合镜头的运动方式在转换时，要与人物动作和方向的变换一致，使画面外部变化与画面内部变化相结合。

3.保持画面清晰

在进行复合镜头运动操作时，要注意焦点的变化，最好采用手动对焦的方式，通过调整变焦环，始终将被摄主体放在清晰的景深范围之内。

4.保证画面构图

在进行双人双机位拍摄时，有一个机位基本上拍摄的是包含人物和背景在内的全景镜头，这样的全景镜头要保证内容完整、构图对称，人物的头部和脚部距离画面的上边框和下边框保持一定的距离，构图不要太满。

另一个机位要进行复合镜头运动，在全景、中景、近景和特写之间进行变化。在拍摄过程中要注意观察人物的面部表情、手部动作等细节，根据人物的情绪适时调整景别，使画面构图能够反映出人物的情绪变化，刻画出人物的精神内涵。变化过程中，由于两个人物的形体高矮胖瘦比例不同，所以在进行摇镜头的时候，要采用拉摇再推摇的复合镜头运动方式，始终保证人物在画面的中心位置，不会出现"托底""顶天"甚至人物在画面中不完整或者移出画面的情况发生。复合镜头运动过程如图4-1所示。

人物甲的特写　　　　　　　拉摇到双人中景　　　　　　推摇到人物乙的特写

图 4-1　复合镜头运动过程

4.3 项目实施

学习目标

1. 知识目标
（1）了解双人双机位访谈节目的画面构图与景别。
（2）了解双人双机位访谈节目拍摄的岗位工作流程。

2. 能力目标
（1）能准确呈现预设的复合运动镜头与画面景别。
（2）能领会现场导演的拍摄意图。
（3）掌握双人双机位访谈节目拍摄的工作流程。
（4）按照访谈节目制作的工作流程，能以"导演的思维"，结合创新思维完成双人双机位访谈节目的拍摄。

3. 素养目标
提升分析、思考、临场应变的能力及严谨细致、一丝不苟的职业素养。

项目描述

本期项目主题为"用镜头讲好中国故事，用行动践行工匠精神"系列访谈节目制作之《工匠精神代代传——寻访身边的职业榜样》。

以 ×× 职高的在校生和毕业于该校的优秀学子的一场深入对话，以期让学生了解前辈的成长经历，感受他们身上的工匠精神，并以前辈为榜样，努力学习专业技能，丰富自己的文化知识，提升综合素养，用实际行动践行"品如松、劲有为"的校训，树立自己的职业理想。

4.3.1 项目策划

根据访谈主题、内容与规模，进行项目策划。

项目策划需要注意以下 3 个方面。

1. 作品的思想性
如何通过访谈内容、访谈对象的选择等呈现作品的主题与内涵。

2. 作品的艺术性

如何通过画面影调、色彩、构图等艺术手法呈现作品的主题与内涵。

3. 作品的技术性

岗位设置与职责、项目执行流程与执行标准、团队组建。

 小贴士

针对不同拍摄环境和主题，在岗位配置和总体环节构建上，应根据具体情况进行合理设计。

4.3.2　项目协调会

项目负责人组织团队成员召开项目协调会，以明确各自的岗位分工与职责、执行流程与标准。

 小贴士

针对不同拍摄环境和主题，在岗位职责、项目执行流程与标准上，应根据具体情况进行合理设计。

4.3.3　项目执行

1. 准备环节

准备环节中，导演、置景师、摄像师、摄影助理、拾音师和灯光师等岗位人员通力合作，做好设备的领取和架设、拍摄场地及相关人员调度等准备工作。

（1）准备环节导演岗位职责及工作要领见表 4-3。

表 4-3　准备环节导演岗位职责及工作要领

岗位	岗位职责	工作要领
导演	①与访谈嘉宾沟通拍摄流程及注意事项。 ②现场工作人员的调度及工作内容监督检查。	①注意待人礼节与敬语的使用。 ②沟通时，信息传达要精准并使用专业术语。

导演与嘉宾沟通

（2）准备环节置景师岗位职责及工作要领见表4-4。

表4-4　准备环节置景师岗位职责及工作要领

岗位	岗位职责	工作要领
置景师	①按方案选景、领取道具。 ②按方案摆放道具。	①按照设备清单领取道具，并检查数量、规格型号。 ②道具轻拿轻放。

置景师摆放道具

（3）准备环节摄像师岗位职责及工作要领见表4-5。

表4-5　准备环节摄像师岗位职责及工作要领

岗位	岗位职责	工作要领
摄像师	①领取摄像机、电池、存储卡、三脚架。 ②架设三脚架并调节水平。 ③架设机器。	①按照器材清单领取器材，并检查器材的规格型号与完好性。 ②设备轻拿轻放。 ③注意机位及三脚架架设高度，避免镜头轴线非垂直及出现仰俯角。 ④检查三脚架水平仪，保证三脚架云台无倾斜。

三脚架架设

三脚架云台水平调节

（4）准备环节摄影助理岗位职责及工作要领见表 4-6。

表 4-6　准备环节摄影助理岗位职责及工作要领

岗位	岗位职责	工作要领
摄影助理	①领取监视器、高清线缆。 ②架设监视器，并使用高清线缆连接摄像机与监视器。 ③线缆连接无误后，打开监视器电源，按下与线缆接头一致的输入端按钮，并提示摄像师打开摄像机电源。	①按照器材清单领取器材，并检查器材的规格型号与完好性。 ②设备轻拿轻放。 ③线缆排列无交叉缠绕，并使用大力胶固定。 ④连接线缆接头时，需关闭所连接设备的电源，避免产生静电发生短路，造成设备接口或电路的损坏。 ⑤连接摄像设备一端的线缆需缠绕并悬挂于三脚架手柄上，并可用大力胶固定。 ⑥连接交流电源时，注意用电安全。

正确的线缆排列与固定

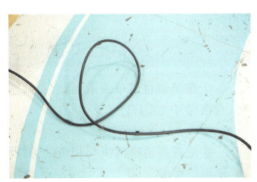 

错误的线缆排列

架设监视器

续表

使用高清线缆连接监视器和摄像机

线缆在摄像机端的放置

（5）准备环节拾音师岗位职责及工作要领见表4-7。

表4-7　准备环节拾音师岗位职责及工作要领

岗位	岗位职责	工作要领
拾音师	①领取领夹式传声器，并检查频道及电量。 ②正确安装接收端于摄像机上。	①按照器材清单领取器材，并检查器材的规格型号与完好性。 ②设备轻拿轻放。 ③注意高清摄像机与相机的音频线缆使用不同的接头。

卡侬接口与3.5mm双芯插头

（6）准备环节灯光师岗位职责及工作要领见表4-8。

表4-8　准备环节灯光师岗位职责及工作要领

岗位	岗位职责	工作要领
灯光师	打开灯光操控台。	①检查棚内所有灯光是否正常。 ②注意用电安全。

灯光操控台

检查灯具

2. 调试环节

调试环节中，导演、置景师、摄像师、摄影助理、拾音师和灯光师等岗位人员通力合作，做好设备参数设置及拍摄用光、画面构图等调试工作。

（1）调试环节导演岗位职责及工作要领见表4-9。

表4-9　调试环节导演岗位职责及工作要领

岗位	岗位职责	工作要领
导演	监视器前调度置景师、灯光师、摄像师、拾音师进行设备调试。	①调度指令清晰明确，并使用专业术语。 ②调度置景师：注意画面构图的美感。 ③调度灯光师： a. 全景画面，光线均匀。 b. 画面主体人物亮度不低于背景亮度（必要时，可使用测光表）。 c. 拍摄双人访谈，人物面部避免出现过重的阴影。 ④调度摄像师： a. 保证画面主体不"失焦""虚焦"。 b. 双人构图要对称，单人构图不居中，画面无"顶天""托底"现象。 c. 画面无偏色。 d. 画面中的3个影调（高光区、中间调、暗部）不丢失细节。 ⑤调度拾音师：能清晰监听到领夹式传声器拾取的音频信号，且无底噪和杂音。

续表

背景道具对画面美感的影响

全景画面，光线均匀　　　　　　　　　　人物面部无浓重阴影

按背景曝光，人物"欠曝"　　　　　　　　按人物曝光，背景"过曝"

（2）调试环节置景师岗位职责及工作要领见表4–10。

表 4–10　调试环节置景师岗位职责及工作要领

岗位	岗位职责	工作要领
置景师	根据导演指令调整道具及入镜人物的坐姿等。	能领会导演指令，并迅速做出回应。

注意细节——背景道具对构图美感的影响

（3）调试环节摄像师岗位职责及工作要领见表 4-11。

表 4-11 调试环节摄像师岗位职责及工作要领

岗位	岗位职责	工作要领
摄像师	①与拾音师先行测试领夹式传声器拾音效果。 ②按照方案及导演指令，调试摄像机（对焦、构图、白平衡、曝光、拾音效果等）。	①熟练进行摄像设备的参数设置。 ②佩戴耳机，分别与拾音师一起测试拾音效果，与导演一起监听拾音效果。 ③能领会导演指令，并迅速做出回应。
	 扫一扫，观看《摄像机的操控》教学视频	

（4）调试环节摄影助理岗位职责及工作要领见表 4-12。

表 4-12 调试环节摄影助理岗位职责及工作要领

岗位	岗位职责	工作要领
摄影助理	①检测音视频信号是否正常。 ②使用白板协助摄像师完成白平衡调整。	①信号不同步： a. 检查监视器输入端接口与设备菜单中的"输入选择"设置是否一致。 b. 检查摄像设备菜单中的"输出选择"设置是否正确。 c. 检查摄像设备输出接口连接是否正确。 d. 检查摄像设备输出接口是否正常。 e. 检查线缆是否正常。 ②白板的放置，应贴近出镜人物，并与其在同一高度、同一平面，以保证白平衡调试的准确。
	 扫一扫，观看《摄像设备与监视器连接的信号检测》教学视频	

（5）调试环节拾音师岗位职责及工作要领见表 4–13。

表 4–13　调试环节拾音师岗位职责及工作要领

岗位	岗位职责	工作要领
拾音师	①与摄像师先行测试拾音效果。 ②协助出镜人物佩戴领夹式传声器。	①自行持领夹式传声器，与摄像师测试设备信号是否通畅，拾音是否清晰无底噪。 ②正确放置领夹式传声器，并协助摄像师、导演测试领夹式传声器是否出现与佩戴者因衣物和身体的摩擦产生的杂音。

扫一扫，观看《领夹式传声器的使用》教学视频

（6）调试环节灯光师岗位职责及工作要领见表 4–14。

表 4–14　调试环节灯光师岗位职责及工作要领

岗位	岗位职责	工作要领
灯光师	按照方案，并根据导演指令调整灯光。	①全景画面，光线均匀。 ②画面主体人物亮度不低于背景亮度（必要时，可使用测光表）。 ③拍摄双人访谈，人物面部避免出现过重的阴影。 ④能领会导演指令，并迅速做出回应。 ⑤调节灯具时，注意人身和设备安全。

全景画面，光线均匀

人物面部无浓重阴影

按背景曝光，人物"欠曝"

按人物曝光，背景"过曝"

3. 拍摄环节

拍摄环节中，导演、置景师、摄像师、摄影助理、拾音师和灯光师等岗位人员通力合作，以保证拍摄工作的顺利进行，以及保障音视频素材采集的质量。

拍摄环节各岗位职责及工作要领见表 4-15。

表 4-15　拍摄环节各岗位职责及工作要领

岗位	岗位职责	工作要领
导演	①发布指令，开始拍摄。 ②拍摄中，监看画面、监听拾音，并适当调度摄像师的运镜。 ③发布指令，结束拍摄。	指令下达清晰明确，并使用专业术语。
摄像师 A 摄像师 B	①按照方案完成访谈内容音视频素材的采集。 ②按导演指令完成运镜 ③A 机位为主机位，以固定镜头为主拍摄双人全景或中景画面。 ④B 机位为辅机位，以复合运动镜头的运镜方式在嘉宾与主持之间拍摄单人近景或特写画面。	①注意运镜的稳定性。 ②运镜后的落幅画面，注意构图，避免出现"托底""顶天""撞墙""卡关节"等现象。 ③能领会导演指令，并迅速做出"动作"回应。
置景师 摄影助理 拾音师 灯光师	场内待命。	分段拍摄时，摄影助理可兼做场记，协助记录分段文件号。

导演现场调度　　　　　　　　　　摄像师现场采集音视频素材

B 机位　　　　　　　　　A 机位　　　　　　　　　B 机位

运镜与构图示例：开场

续表

A机位　　　　　　　　　　B机位　　　　　　　　　　B机位

运镜与构图示例：中间环节

运镜与构图示例：根据人物情绪的表达，可采用更小的构图凸显情绪、刻画人物

小贴士：此处，导演可适当调度A机位参与运镜，拍摄单人小景别画面。

B机位　　　　　　　　　　B机位　　　　　　　　　　A机位

运镜与构图示例：结尾

扫一扫，观看《运动镜头》和《运动镜头的操作》教学视频

4. 收尾环节

收尾环节中，导演、置景师、摄像师、摄影助理、拾音师和灯光师等岗位人员通力合作，以保证素材安全、设施设备完好无缺失，并注意成本。

收尾环节各岗位职责及工作要领见表4-16。

表 4-16　收尾环节各岗位职责及工作要领

岗位	岗位职责	工作要领
导演	①与出镜人物沟通交流。 ②下达"项目执行结束"指令。	①注意待人礼节与敬语的使用。 ②根据方案预设的作品效果判断是否需要"保一条"。
置景师	接收"项目执行结束"指令，收拾所负责道具及场地环境。	按照设备清单检查道具数量、规格型号无误后，归还库管。
摄像师	①接收"项目执行结束"指令，关机退卡。 ②收拾所负责器材及场地环境。	①与导演交接存储卡。 ②按照器材清单检查器材数量、规格型号无误后，归还库管。
摄影助理	接收"项目执行结束"指令，收拾所负责设备及场地环境。	①按照器材清单检查器材数量、规格型号无误后，归还库管。 ②若出现分段拍摄，与导演交接场记表。
拾音师	接收"项目执行结束"指令，收回领夹式传声器，并关闭电源。	按照器材清单检查领夹式传声器数量、规格型号无误后，关闭电源，退出电池，归还库管。
灯光师	①接收"项目执行结束"指令，将灯具、线缆复位。 ②保留场灯，关闭拍摄灯光。 ③关闭电箱电闸。	①灯具、线缆复位时，注意人身和设备安全。 ②具有节约电力资源的意识。

4.3.4　项目总结

（1）项目组成员观看拍摄素材回放。

（2）自评。

依据项目策划，按照作品的思想性、艺术性和技术性 3 个方面及预设拍摄效果，对项目执行现场做自我评价。

（3）互评与师评。

按照项目执行流程标准及项目执行技术标准进行评价。

（4）总结

发现问题，找出问题产生的原因，寻求解决问题的方法与途径。

（5）各岗位完成实训手册的填写。

评价、总结时，可以参考"项目执行流程评价表"和"项目执行标准评价表"，见表4-17、表4-18。

表 4-17　项目执行流程评价表

【项目 4：双人双机位访谈节目制作】项目执行流程评价表 项目组：　　评价人：		
岗位	岗位流程完成度（√代表完成）	问题及改进
导演	□①发布工作指令。 □②与嘉宾沟通拍摄流程及注意事项。 □③现场工作人员的调度及工作内容监督检查。 □④监视器前调度置景师、灯光师、拾音师、摄像师。 □⑤发布指令，开始拍摄。 □⑥拍摄中，监听拾音并调度机位运镜。 □⑦发布指令，结束拍摄。 　　　　　　　　　　　　　　是否合格：	
置景师	□①按方案选景、领取道具。 □②按方案摆放道具。 □③根据导演指令调整道具及嘉宾坐姿等。 □④结束拍摄，收拾所负责道具及场地环境。 　　　　　　　　　　　　　　是否合格：	
摄像师	□①领取摄像机、电池、存储卡、三脚架。 □②架设三脚架并调节水平。 □③架设机器，并打开电源。 □④按方案调试摄像机（白平衡、对焦、景别、构图、曝光、拾音效果等）。 □⑤按方案完成访谈内容音视频素材的采集。 □⑥按导演指令完成运镜。 □⑦结束拍摄，收拾所负责设备及场地环境。 　　　　　　　　　　　　　　是否合格：	
摄影助理	□①领取监视器、高清线缆。 □②架设监视器，并连接摄像机。 □③检测音视频信号是否正常。 □④使用大力胶固定线缆。 □⑤使用白板协助摄像师完成白平衡调整。 □⑥结束拍摄，收拾所负责设备及场地环境。 　　　　　　　　　　　　　　是否合格：	
拾音师	□①领取领夹式传声器，并检查频道及电量。 □②按方案放置发射端，并保证器材安全；正确安装接收端于摄像机。 □③测试拾音信号是否正常。 □④为嘉宾和主持佩戴领夹式传声器，并再次与摄像师、导演测试拾音质量。 □⑤拍摄时于监视器前监测拾音质量。 □⑥结束拍摄，收回领夹式传声器，并关闭电源。 　　　　　　　　　　　　　　是否合格：	

续表

岗位	岗位流程完成度（√代表完成）	问题及改进
灯光师	□①打开灯光操控台，检查灯具。 □②调节光效及输出功率，控制光比。 □③根据导演指令调整灯光（光效、输出功率等）。 □④结束拍摄，收拾所负责设备及场地环境。 <div align="right">是否合格：</div>	

表 4-18　项目执行标准评价表

岗位	岗位执行标准（√代表合格）	问题及改进
【项目 4：双人双机位访谈节目制作】项目执行标准评价表 项目组：　　　评价人：		
导演	□①指令准确清晰。 □②与嘉宾沟通时使用敬语及准确表达拍摄意图。 □③人员调度合理、及时，能发现问题并监督解决。 □④能用专业术语调度置景师、灯光师、拾音师、摄像师对设施设备的操控。 □⑤发现拾音有问题时及时止损。 □⑥调度运镜合理。 <div align="right">是否合格：</div>	
置景师	□①场景、道具符合访谈主题。 □②道具摆放满足构图美感。 □③根据导演调整指令快速做出正确反应。 □④调整嘉宾坐姿时使用敬语及规范的专业术语和动作。 □⑤恢复场地及道具归还。 <div align="right">是否合格：</div>	
摄像师	□①设备领取与归还无缺失、损坏。 □②三脚架操控规范。 □③架设机器动作规范。 □④无失焦、虚焦，曝光合适（3 个影调均有细节层次），画面稳定、无倾斜，色温正常。 □⑤镜头运动（推、拉、摇）稳定、合理。 □⑥落幅画面的构图与景别符合方案设定。 <div align="right">是否合格：</div>	
摄影助理	□①设备领取与归还无缺失、损坏。 □②线缆接头操作规范并连接正确。 □③监视器信号正常。 □④线缆铺设无交叉，并使用大力胶固定（大力胶粘贴稳固、无浪费）。 □⑤白板摆放位置正确。 □⑥结束拍摄，按规范收拾线缆。 <div align="right">是否合格：</div>	

续表

岗位	岗位执行标准（√代表合格）	问题及改进
拾音师	□①正确安装领夹式传声器。 □②提前与摄像师或导演测试领夹式传声器，保证拾音正常。 □③拾音清晰，无噪声、杂音。 　　　　　　　　　　　　　是否合格：	
灯光师	□①灯光操控规范、无安全隐患。 □②光效符合设计方案，光比符合访谈节目用光要求。 □③根据导演调整指令，快速做出正确反应。 　　　　　　　　　　　　　是否合格：	

扫一扫

通过扫描二维码，我们可以获取双人双机位访谈节目制作项目的策划方案、执行流程标准与执行技术标准评价表等相关文本文档。

同学们可打印填写后装订成册，作为本项目的实训手册。

4.4　项目拓展

4.4.1　外景拍摄

1. 外景用光

至此，我们完成了演播室内双人双机位访谈节目制作的项目实施。但并不是所有的拍摄都放置在演播室内进行。根据需要，有时我们也会进行外景拍摄。

外景拍摄时，我们仍然可以采用自然光、环境光和人工光相结合的用光手法。

2. 外景人工光布光法则

外景拍摄，往往光线不尽人意，特别是外景光线不足时，这时候人工光就发挥了主要作用。在布光时，我们要注意以下几点。

（1）在两个机位外侧贴近机位各放置一盏灯，以顺光方式作为主光，形成平光光效，并让嘉宾与主持的受光面亮度一致。

（2）如果拍摄现场环境较大，缺少反光面，很容易在两位出镜人物的外侧边缘形成较重的阴影区。此时，我们可以在他们的侧后方各放置一盏灯，不仅可以削弱较重的阴影，还可以勾勒出人物的边缘，使人物从背景中分离出来，形成画面的纵深感。

（3）根据需要，可适当增加背景光，营造画面的氛围感。

4.4.2　后期剪辑

1. 素材整理归档

按照规范建立文件夹结构，并分别命名。

（1）文件夹结构。

文件夹结构，也可称为分级目录结构。建立分级目录结构，体现了素材管理的清晰明了与工作的条理性，方便后期剪辑时素材的查询与调用，如图 4-2 所示。

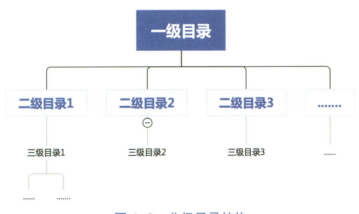

图 4-2　分级目录结构

（2）文件夹命名。

分级文件夹的命名方式可以有多种，但为了文件管理的规范化和后续文件的查找检索，我们可以采用如下的命名法则，见表4-19。

表4-19 分级文件夹命名法则

层级	命名法则	示例
一级	拍摄日期（阿拉伯数字呈现，月、日小于10的数字前方加0；年、月、日之间用"."分隔）- 作品全称 - 客户名称	2021.09.10-《工匠精神代代传——寻访身边的职业榜样》- 校双创中心
二级	按文件夹存储内容类型命名	素材、工程、成片
三级		视频、图片、文本、音频等
四级及四级以下	更为细化的存储内容命名	备用视频、选用视频、配乐、配音等

小贴士

由于本项目采用双机位拍摄，在"视频"文件夹（三级目录）下，需按机位建立下级文件目录，并按机位号命名文件夹。

2. 剪辑要领

本次拍摄使用两个机位，我们得到的是两台设备拍摄的素材。把两条素材导入编辑软件后要注意以下剪辑要领。

首先，要进行音频对轨，使两条视频在后续的双机位剪辑中，能做到音画同步。

其次，如果我们使用 Premiere 剪辑软件，可利用"嵌套"功能；若使用 EDIUS 剪辑软件，可利用"多机位剪辑"功能，从而很容易地实现两个机位素材的"跳剪"。

最后，机位画面的选择，我们可以用 A 机位拍摄的双人固定镜头画面作为过渡画面，尽量避开使用 B 机位过大的运动镜头拍摄到的画面。当然，在表现人物情绪时的运镜画面可以保留，但必须要保证运镜时起幅、运动、落幅一气呵成，保证画面的稳定和构图、景别的准确。由此可以看出，对 B 机位的技术要求远高于 A 机位，这也是项目负责人在岗位分配时要重点关注的要素。

剪辑时，如何选择剪辑点呢？通常，我们要关注的是话语中的"气口"，避免在重音处做剪辑点。

项目 5

多人多机位访谈节目制作

项目分析

　　本项目采用多机位（三个及以上）+多人（主持人+多位被访者）拍摄方式，岗位由导演+摄像师+摄影助理+拾音师+灯光师+置景师（根据拍摄现场光线及场地灵活设置）构成。这种拍摄方式适用于录制时长较长的大型话题讨论与综艺类节目的拍摄。

　　项目的顺利完成，需要团队成员理解访谈主题、熟悉岗位职责及工作流程，具备选景、用光、设备使用安全与正确操控及运镜稳定性与景别把控的能力。

　　本项目更强调的是多部门协同工作的高度契合。

5.1　多人多机位访谈节目拍摄策划方案与执行方案

学习目标

1. 知识目标

（1）熟悉多人多机位访谈节目制作过程中有哪些工作岗位。

（2）熟悉每个岗位具体的岗位职责和工作标准。

2. 能力目标

（1）能够熟练地进行多人多机位访谈节目的前期策划，详细撰写策划方案。

（2）能够根据场地特点快速熟练地置景，安排摄影机机位，确定每台摄影机的拍摄范围和拍摄景别，设计灯光效果，准确画出置景图、机位图。

（3）能够快速合理的进行岗位分工，制定各岗位具体的职责及工作标准。

（4）能够在拍摄执行方案中详细说明拍摄工作流程、涉及岗位、执行标准。

3. 素养目标

（1）各岗位之间能够组织协调、密切配合，保证工作按照计划完成。

（2）在工作中总结经验、吸取教训、不断进步，践行一丝不苟、精益求精的工匠精神。

多人多机位访谈节目制作的策划方案与执行方案的制定与撰写工作与之前几个项目类似，内容和格式要求这里不重复赘述。由于多人多机位访谈节目制作是本课程的最后一个项目，也是前期策划要求最全面、详细和具体的一个项目，所以在前面几个项目基础上，需要注意以下几点。

（1）访谈人物要了解。

（2）岗位分工要明确。

（3）人员组织要协调。

（4）岗位分工要具体。

（5）工作流程要详细。

（6）总结反思要到位。

5.2 项目实施

学习目标

1. 知识目标

（1）了解多人多机位访谈节目的画面构图与景别。

（2）了解多人多机位访谈节目拍摄的岗位工作流程。

2. 能力目标

（1）能准确呈现预设的镜头运动与画面景别。

（2）能领会现场导演的拍摄意图。

（3）掌握多人多机位访谈拍摄的工作流程。

（4）按照访谈节目制作的工作流程，能以"导演的思维"，结合创新思维完成多人多机位访谈节目的拍摄。

3. 素养目标

提升分析、思考、临场应变的能力及严谨细致、一丝不苟的职业素养。

项目描述

本期项目主题为"用镜头讲好中国故事，用行动践行工匠精神"系列访谈节目制作之《追随榜样成栋梁——寻访未来的建设者》。

以××职高的在校生为访谈主体，围绕"追随榜样成栋梁"这一主题展开话题讨论，以期让学生感受到，不管从事什么职业、在什么岗位，就国家而言都是平凡而伟大的劳动者，社会需要我们每一个人在各自的工作岗位上尽心尽力、孜孜不倦、努力拼搏，这样才可以实现人生的梦想。所以，青年学子要树立新时代的伟大理想，并为理想不轻言放弃，克服困难、坚持不懈。

5.2.1 项目策划

根据访谈主题、内容与规模，进行项目策划。

项目策划需要注意以下 3 个方面。

1. 作品的思想性

如何通过访谈内容、访谈对象的选择等呈现作品的主题与内涵。

2. 作品的艺术性

如何通过画面影调、色彩、构图等艺术手法呈现作品的主题与内涵。

3. 作品的技术性

岗位设置与职责、项目执行流程与执行标准、团队组建。

小贴士

针对不同拍摄环境和主题，在岗位配置和总体环节构建上，应根据具体情况进行合理设计。本项目涉及人员较多，建议导演岗位设置两名导演，分别负责导播与现场调度。

5.2.2　项目协调会

项目负责人组织团队成员召开项目协调会，以明确各自的岗位分工与职责、执行流程与标准。

小贴士

针对不同拍摄环境和主题，在岗位职责、项目执行流程与标准上，应根据具体情况进行合理设计。

5.2.3　项目执行

1. 准备环节

准备环节中，导演、置景师、摄像师、摄影助理、拾音师和灯光师等岗位人员通力合作，做好设备的领取和架设、拍摄场地及相关人员调度等准备工作。

（1）准备环节导演岗位职责及工作要领见表 5-1。

表 5-1　准备环节导演岗位职责及工作要领

岗位	岗位职责	工作要领
导演 A 导演 B	①与访谈嘉宾沟通拍摄流程及注意事项。 ②现场工作人员的调度及工作内容监督检查。	①注意待人礼节与敬语的使用。 ②沟通时，信息传达要精准并使用专业术语。
 导演与嘉宾沟通		

（2）准备环节置景师岗位职责及工作要领见表5-2。

表5-2　准备环节置景师岗位职责及工作要领

岗位	岗位职责	工作要领
置景师	①按方案选景、领取道具。 ②按方案摆放道具。	①按照设备清单领取道具，并检查数量、规格型号。 ②道具轻拿轻放。

置景师摆放道具

（3）准备环节摄像师岗位职责及工作要领见表5-3。

表5-3　准备环节摄像师岗位职责及工作要领

岗位	岗位职责	工作要领
摄像师	①领取摄像机、电池、存储卡、三脚架。 ②架设三脚架并调节水平。 ③架设机器。	①按照器材清单领取器材，并检查器材的规格型号与完好性。 ②设备轻拿轻放。 ③注意机位及三脚架架设高度，避免镜头轴线非垂直及出现仰俯角。 ④检查三脚架水平仪，保证三脚架云台无倾斜。

三脚架架设

三脚架云台水平调节

（4）准备环节摄影助理岗位职责及工作要领见表5-4。

表 5-4 准备环节摄影助理岗位职责及工作要领

岗位	岗位职责	工作要领
摄影助理	①领取监视器、高清线缆。 ②架设监视器，并使用高清线缆连接摄像机与监视器；机位过多时，可使用"多进-出"的分屏器连接摄像机与监视器。条件允许的话，也可以使用 Tally 导播系统。 ③线缆连接无误后，打开监视器电源，按下与线缆接头一致的输入端按钮，并提示摄像师打开摄像机电源。	①按照器材清单领取器材，并检查器材的规格型号与完好性。 ②设备轻拿轻放。 ③线缆排列无交叉缠绕，并使用大力胶固定。 ④连接线缆接头时，需关闭所连接设备的电源，避免产生静电发生短路，造成设备接口或电路的损坏。 ⑤连接摄像设备一端的线缆需缠绕并悬挂于三脚架手柄上，并可用大力胶固定。 ⑥连接交流电源时，注意用电安全。

 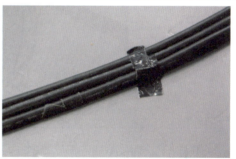

正确的线缆排列与固定

错误的线缆排列

架设监视器

续表

使用高清线缆连接监视器和摄像机

线缆在摄像机端的放置

（5）准备环节拾音师岗位职责及工作要领见表 5-5。

表 5-5　准备环节拾音师岗位职责及工作要领

岗位	岗位职责	工作要领
拾音师	①领取领夹式传声器，并检查频道及电量。 ②正确安装接收端于摄像机上。	①按照器材清单领取器材，并检查器材的规格型号与完好性。 ②设备轻拿轻放。 ③注意高清摄像机与相机的音频线缆使用不同的接头。

卡侬接口与 3.5mm 双芯插头

（6）准备环节灯光师岗位职责及工作要领见表 5-6。

表 5-6　准备环节灯光师岗位职责及工作要领

岗位	岗位职责	工作要领
灯光师	打开灯光操控台。	①检查棚内所有灯光是否正常。 ②注意用电安全。

灯光操控台　　　　　　　　　检查灯具

2. 调试环节

调试环节中，导演、置景师、摄像师、摄影助理、拾音师和灯光师等岗位人员通力合作，做好设备参数设置及拍摄用光、画面构图等调试工作。

（1）调试环节导演岗位职责及工作要领见表 5-7。

表 5-7　调试环节导演岗位职责及工作要领

岗位	岗位职责	工作要领
导演 A 导演 B	监视器前调度置景师、灯光师、摄像师、拾音师进行设备调试。	①调度指令清晰明确，并使用专业术语。 ②调度置景师：注意画面构图的美感。 ③调度灯光师： a. 全景画面，光线均匀。 b. 画面主体人物亮度不低于背景亮度（必要时，可使用测光表）。 c. 人物面部避免出现过重的阴影。 ④调度摄像师： a. 保证画面主体不失焦、虚焦。 b. 多人构图要对称，单人构图不居中，画面无"顶天""托底""撞墙""卡关节"现象。 c. 画面无偏色。 d. 画面中的 3 个影调（高光区、中间调、暗部）不丢失细节。 ⑤调度拾音师：能清晰监听到领夹式传声器拾取的音频信号，且无底噪和杂音。

背景道具对画面美感的影响

全景画面，光线均匀　　　　　　　　　　人物面部无浓重阴影

按背景曝光，人物"欠曝"　　　　　　　　按人物曝光，背景"过曝"

（2）调试环节置景师岗位职责及工作要领见表 5-8。

表 5-8　调试环节置景师岗位职责及工作要领

岗位	岗位职责	工作要领
置景师	根据导演指令调整道具及入镜人物的坐姿等。	能领会导演指令，并迅速做出回应。

注意细节——背景道具对构图美感的影响

（3）调试环节摄像师岗位职责及工作要领见表 5-9。

表 5-9　调试环节摄像师岗位职责及工作要领

岗位	岗位职责	工作要领
摄像师	①与拾音师先行测试领夹式传声器拾音效果。 ②按照方案及导演指令，调试摄像机（对焦、构图、白平衡、曝光、拾音效果等）。	①熟练进行摄像设备的参数设置。 ②佩戴耳机，分别与拾音师一起测试拾音效果，与导演一起监听拾音效果。 ③能领会导演指令，并迅速做出回应。
<div align="center"> 扫一扫，观看《摄像机的操控》教学视频</div>		

（4）调试环节摄影助理岗位职责及工作要领见表 5-10。

表 5-10　调试环节摄影助理岗位职责及工作要领

岗位	岗位职责	工作要领
摄影助理	①检测音视频信号是否正常。 ②使用白板协助摄像师完成白平衡调整。	①信号不同步： a. 检查监视器输入端接口与设备菜单中的"输入选择"设置是否一致。 b. 检查摄像设备菜单中的"输出选择"设置是否正确。 c. 检查摄像设备输出接口连接是否正确。 d. 检查摄像设备输出接口是否正常。 e. 检查线缆是否正常。 ②白板的放置，应贴近出镜人物，并与其在同一高度、同一平面，以保证白平衡调试的准确。
<div align="center"> 扫一扫，观看《摄像设备与监视器连接的信号检测》教学视频</div>		

（5）调试环节拾音师岗位职责及工作要领见表5-11。

表5-11　调试环节拾音师岗位职责及工作要领

岗位	岗位职责	工作要领
拾音师	①与摄像师先行测试拾音效果。 ②协助出镜人物佩戴领夹式传声器。	①自行持领夹式传声器，与摄像师测试设备信号是否通畅，拾音是否清晰无底噪。 ②正确放置领夹式传声器，并协助摄像师、导演测试领夹式传声器是否出现与佩戴者因衣物和身体的摩擦产生的杂音。

扫一扫，观看《领夹式传声器的使用》教学视频

（6）调试环节灯光师岗位职责及工作要领见表5-12。

表5-12　调试环节灯光师岗位职责及工作要领

岗位	岗位职责	工作要领
灯光师	按照方案，并根据导演指令调整灯光。	①全景画面，光线均匀。 ②画面主体人物亮度不低于背景亮度（必要时，可使用测光表）。 ③拍摄双人访谈，人物面部避免出现过重的阴影。 ④能领会导演指令，并迅速做出回应。 ⑤调节灯具时，注意人身和设备安全。

全景画面，光线均匀

人物面部无浓重阴影

按背景曝光，人物"欠曝"

按人物曝光，背景"过曝"

3. 拍摄环节

拍摄环节中，导演、置景师、摄像师、摄影助理、拾音师和灯光师等岗位人员通力合作，以保证拍摄工作的顺利进行，以及保障音视频素材采集的质量。

拍摄环节各岗位职责及工作要领见表 5–13。

表 5–13　拍摄环节各岗位职责及工作要领

岗位	岗位职责	工作要领
导演 A 导演 B	①发布指令，开始拍摄（导演 B）。 ②拍摄中，监看画面、监听拾音，并适当调度摄像师的运镜（导演 A）。 ③在拍摄场地对突发状况的应急处理（导演 B）。 ④发布指令，结束拍摄（导演 B）。	①指令下达清晰明确，并使用专业术语。 ②两位导演相互配合默契。
摄像师 A 摄像师 B 摄像师 C ……	①按照方案完成访谈内容音视频素材的采集。 ②按导演指令完成运镜。 ③ A 机位为主机位，以固定镜头拍摄多人全景画面。 ④ B、C……机位为辅机位，以复合运动镜头的运镜方式拍摄单人近景到特写及邻近双人交流（话语、眼神）的中景到近景的画面。	①A 机位： 注意全景画面的对称。 ②B、C……机位： a.注意运镜的稳定性。 b.运镜后的落幅画面，注意构图，避免出现"托底""顶天""撞墙""卡关节"等现象。 c.能领会导演指令，并迅速做出"动作"回应。 d.能以"导演的思维"执行拍摄。
置景师 摄影助理 拾音师 灯光师	场内待命。	分段拍摄时，摄影助理可兼做场记，协助记录分段文件号。

导演现场调度

摄像师现场采集音视频素材

扫一扫，观看《运动镜头》《复合运动镜头》和《运动镜头的操作》教学视频

4. 收尾环节

收尾环节中，导演、置景师、摄像师、摄影助理、拾音师和灯光师等岗位人员通力合作，以保证素材安全、设施设备完好无缺失，并注意成本。

收尾环节各岗位职责及工作要领见表 5-14。

表 5-14　收尾环节各岗位职责及工作要领

岗位	岗位职责	工作要领
导演	①与出镜人物沟通交流。 ②下达"项目执行结束"指令。	①注意待人礼节与敬语的使用。 ②根据方案预设的作品效果判断是否需要"保一条"。
置景师	接收"项目执行结束"指令，收拾所负责道具及场地环境。	按照设备清单检查道具数量、规格型号无误后，归还库管。
摄像师	①接收"项目执行结束"指令，关机退卡。 ②收拾所负责器材及场地环境。	①与导演交接存储卡。 ②按照器材清单检查器材数量、规格型号无误后，归还库管。
摄影助理	接收"项目执行结束"指令，收拾所负责设备及场地环境。	①按照器材清单检查器材数量、规格型号无误后，归还库管。 ②若出现分段拍摄，与导演交接场记表。
拾音师	接收"项目执行结束"指令，收回领夹式传声器，并关闭电源。	按照器材清单检查领夹式传声器数量、规格型号无误后，关闭电源，退出电池，归还库管。
灯光师	①接收"项目执行结束"指令，将灯具、线缆复位。 ②保留场灯，关闭拍摄灯光。 ③关闭电箱电闸。	①灯具、线缆复位时，注意人身和设备安全。 ②具有节约电力资源的意识。

5.2.4　项目总结

（1）项目组成员观看拍摄素材回放。

（2）自评。

依据项目策划，按照作品的思想性、艺术性和技术性 3 个方面及预设拍摄效果，对项目执行现场做自我评价。

（3）互评与师评。

按照项目执行流程标准及项目执行技术标准进行评价。

（4）总结。

发现问题，找出问题产生的原因，寻求解决问题的方法与途径。

（5）各岗位完成实训手册的填写。

评价、总结时，可以参考"项目执行流程评价表"和"项目执行标准评价表"，见表 5-15、表 5-16。

表 5-15　项目执行流程评价表

【项目 5：多人多机位访谈节目制作】项目执行流程评价表　　　项目组：　　　评价人：		
岗位	岗位流程完成度（√代表完成）	问题及改进
导演	□①发布工作指令。 □②与嘉宾、主持人沟通拍摄流程及注意事项。 □③现场工作人员的调度及工作内容监督检查。 □④监视器前调度置景师、灯光师、拾音师、摄像师。 □⑤发布指令，开始拍摄。 □⑥拍摄中，监听拾音并调度机位运镜。 □⑦发布指令，结束拍摄。 　　　　　　　　　　　　　　　　是否合格：	
置景师	□①按方案选景、领取道具。 □②按方案摆放道具。 □③根据导演指令调整道具及嘉宾坐姿等。 □④结束拍摄，收拾所负责道具及场地环境。 　　　　　　　　　　　　　　　　是否合格：	
摄像师	□①领取摄像机、电池、存储卡、三脚架。 □②架设三脚架并调节水平。 □③架设机器、并打开电源。 □④按方案调试摄像机（白平衡、对焦、景别、构图、曝光、拾音效果等）。 □⑤按方案完成访谈内容音视频素材的采集。 □⑥按导演指令完成运镜。 □⑦结束拍摄，收拾所负责设备及场地环境。 　　　　　　　　　　　　　　　　是否合格：	
摄影助理	□①领取监视器、高清线缆。 □②架设监视器，并连接摄像机。 □③检测音视频信号是否正常。 □④使用大力胶固定线缆。 □⑤使用白板协助摄像师完成白平衡调整。 □⑥结束拍摄，收拾所负责设备及场地环境。 　　　　　　　　　　　　　　　　是否合格：	

续表

岗位	岗位流程完成度（√代表完成）	问题及改进
拾音师	□①领取领夹式传声器，并检查频道及电量。 □②按方案放置发射端，并保证器材安全；正确安装接收端于摄像机。 □③测试拾音信号是否正常。 □④为嘉宾和主持佩戴领夹式传声器，并再次与摄像师、导演测试拾音质量。 □⑤拍摄时于监视器前监测拾音质量。 □⑥结束拍摄，收回领夹式传声器，并关闭电源。 是否合格：	
灯光师	□①打开灯光操控台，检查灯具。 □②调节光效及输出功率，控制光比。 □③根据导演指令调整灯光（光效、输出功率等）。 □④结束拍摄，收拾所负责设备及场地环境。 是否合格：	

表 5-16　项目执行标准评价表

【项目 5：多人多机位访谈节目制作】项目执行标准评价表　　　　　项目组：　　　　评价人：		
岗位	岗位执行标准（√代表合格）	问题及改进
导演 A 导演 B	□①指令准确清晰。 □②与嘉宾沟通时使用敬语及准确表达拍摄意图。 □③人员调度合理、及时，能发现问题并监督解决。 □④能用专业术语调度置景师、灯光师、拾音师、摄像师对设施设备的操控。 □⑤发现拾音有问题时及时止损。 □⑥调度运镜合理。 □⑦两位导演配合默契。 是否合格：	
置景师	□①场景、道具符合访谈主题。 □②道具摆放满足构图美感。 □③根据导演调整指令快速做出正确反应。 □④调整嘉宾坐姿时使用敬语及规范的专业术语和动作。 □⑤恢复场地及道具归还。 是否合格：	

续表

岗位	岗位执行标准（√代表合格）	问题及改进
摄像师	□①设备领取与归还无缺失、损坏。 □②三脚架操控规范。 □③架设机器动作规范。 □④无失焦或虚焦，曝光合适（3 个影调均有细节层次），画面稳定、无倾斜，色温正常。 □⑤镜头运动（推、拉、摇）稳定、合理。 □⑥落幅画面的构图与景别符合方案设定。 是否合格：	
摄影助理	□①设备领取与归还无缺失、损坏。 □②线缆接头操作规范并连接正确。 □③监视器信号正常。 □④线缆铺设无交叉，并使用大力胶固定（大力胶粘贴稳固、无浪费）。 □⑤白板摆放位置正确。 □⑥结束拍摄，按规范收拾线缆。 是否合格：	
拾音师	□①正确安装领夹式传声器。 □②提前与摄像师或导演测试领夹式传声器，保证拾音正常。 □③拾音清晰，无噪声、杂音。 是否合格：	
灯光师	□①灯光操控规范、无安全隐患。 □②光效符合设计方案，光比符合访谈节目用光要求。 □③根据导演调整指令，快速做出正确反应。 是否合格：	

扫一扫

通过扫描二维码，我们可以获取多人多机位访谈节目制作项目的策划方案、执行流程标准与执行技术标准评价表等相关文本文档。

同学们可打印填写后装订成册，作为本项目的实训手册。

5.3　项目拓展

5.3.1　外景拍摄

1. 外景用光

至此，我们完成了演播室内多人多机位访谈节目制作的项目实施。但并不是所有的拍摄都放置在演播室内进行。根据需要，有时我们也会进行外景拍摄，譬如《向往的生活》这类真人秀综艺节目。

外景拍摄时，我们仍然可以采用自然光、环境光和人工光相结合的用光手法。

2. 外景人工光布光法则

外景拍摄，往往光线不尽人意，特别是外景光线不足时，这时候人工光就发挥了主要作用。在布光时，我们要注意以下几点。

（1）在全景画面范围内，在确保灯具无"穿帮"的前提下放置多盏灯，以顺光方式作为主光，形成平光光效，并保证所有入镜人物的受光面亮度一致。

（2）如果拍摄现场环境较大，缺少反光面，很容易在两位出镜人物的外侧边缘形成较重的阴影区。此时，我们可以在他们的侧后方各放置一盏灯，不仅可以削弱较重的阴影，还可以勾勒出人物的边缘，使人物从背景中分离出来，形成画面的纵深感。这个布光方案适用于出镜人物为3~4位的情况。更多的出镜人物，可使用大功率灯光；如果是在室内拍摄，建议选择间架较矮的空间，这时候，我们可以向屋顶打光，形成柔和的散射光，同时也增大了受光面。

（3）根据需要，可适当增加背景光，营造画面的氛围感。

5.3.2　后期剪辑

1. 素材整理归档

按照规范建立文件夹结构，并分别命名。

（1）文件夹结构。

文件夹结构，也可称为分级目录结构。建立分级目录结构，体现了素材管理的清晰明了与工作的条理性，方便后期剪辑时素材的查询与调用，如图 5-1 所示。

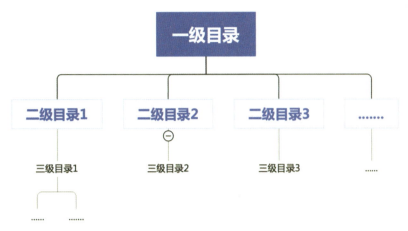

图 5-1　分级目录结构

（2）文件夹命名。

分级文件夹的命名方式可以有多种，但为了文件管理的规范化和后续文件的查找检索，我们可以采用如下的命名法则，见表 5-17。

表 5-17　分级文件夹命名法则

层级	命名法则	示例
一级	拍摄日期（阿拉伯数字呈现，月、日小于 10 的数字前方加 0；年、月、日之间用"."分隔）- 作品全称 - 客户名称	2022.06.10-《追随榜样成栋梁——寻访未来的建设者》- 校学生发展中心
二级	按文件夹存储内容类型命名	素材、工程、成片
三级		视频、图片、文本、音频等
四级及四级以下	更为细化的存储内容命名	备用视频、选用视频、配乐、配音等

小贴士

由于本项目采用双机位拍摄，在"视频"文件夹（三级目录）下，需按机位建立下级文件目录，并按机位号命名文件夹。

2. 剪辑要领

本次拍摄使用 3 个或更多机位，我们得到的是多台设备拍摄的素材。把所有机位素材导入编辑软件后要注意以下剪辑要领。

首先，要进行音频对轨，使多条视频在后续的多机位剪辑中，能做到音画同步。

其次，如果我们使用 Premiere 剪辑软件，可利用"嵌套"功能；若使用 EDIUS 剪辑软件，可利用"多机位剪辑"功能，从而很容易地实现多个机位素材的"跳剪"。

最后，机位画面的选择，我们可以用 A 机位拍摄的多人固定镜头全景画面作为过渡画面，多使用说话者、相邻人物的互动交流、对话语做出反应的小景别画面；尽量避开使用 B、C 等机位过大的运动镜头拍摄到的画面。当然，在表现人物情绪时的运镜画面可以保留，但必须要保证运镜时起幅、运动、落幅一气呵成，保证画面的稳定和构图、景别的准确。

剪辑时，如何选择剪辑点呢？通常，我们要关注的是话语中的"气口"，避免在重音处做剪辑点。